외국인 유학생을 위한
한국어 논문 표현 500

외국인 유학생을 위한 Essential 시리즈

외국인 유학생을 위한
한국어 논문 표현 500

홍혜란·유소영·김정현 지음

한국문화사

서문

　논문은 '학문 공동체에서 담화 양식에 따라 관습적으로 사용되는 표현을 사용하여 학술적 연구의 결과를 체계적으로 적은 글'로 그 내용과 함께 형식도 매우 중요하다. 학문하는 사람들은 일반적으로 오랜 기간 수많은 논문을 읽고 쓰는 과정에서 특유의 학술 담화 양식과 표현을 자연스럽게 배우고 사용하게 된다. 그러나 제2 언어 또는 외국어로 한국어를 사용하는 외국인 유학생에게 이러한 과정은 논문 주제를 찾고 연구를 수행하는 과정만큼이나 도전적인 일이며, 때에 따라서는 그보다 더 어려운 일로 여겨지기도 한다. 그 결과 논문이 갖추어야 할 전형적인 형식을 갖추지 못하여 논문이 지닌 의의를 충분히 드러내지 못하거나 학문 공동체의 연구자들에게 그 가치를 제대로 평가받지 못하는 일이 빈번하게 일어난다. 이러한 문제에 주목하여 한국어교육 분야에서는 다양한 분야의 학술 논문에 나타난 정형화된 형태의 논문 표현을 분석하여 제시하는 연구들이 다수 진행되어 오고 있고, 대학(원)의 교육과정에서는 외국인 유학생을 위한 한국어로 논문 쓰기 교과를 포함하여 외국인 유학생들이 성공적으로 논문을 작성할 수 있도록 지도하는 데에 노력을 기울이고 있다. 하지만 논문 표현에 관한 연구의 성과는 실제 외국인 유학생들을 위한 논문 쓰기 교육 자료로의 활용까지 이어지지 못하고 있으며, 한국어로 논문 쓰기 교과 또한 제한된 시수 내에 논문 주제 선정에서 작성에 이르는 전 과정을 다루며 주로 논문 내용에 초점을 두다 보니 논문 형식과 관련된 부분은 결국 외국인 유학생의 몫이자 부담으로 남겨지는 경우가 많다.

　본서는 이처럼 외국인 유학생이 논문 작성 과정에서 겪는 어려움에 대한 깊은 공감에서 비롯되었으며 특히, 논문의 형식과 관련된 담화 양식과 논문 표현으로 인한 어려움을 해소하는 데에 보탬이 되고자 기획되었다. 이를 위해 인문, 사회, 자연, 공학, 의약학, 예술·체육 등 다양한 분야의 논문 텍스트를 모아 구축한 말뭉치를 분석하여 전공을 불문하고 모든 분야에서 고빈도로 자주 쓰이는 논문 표현 500개를 추출하였다. 그리고 이렇게 추출된 목록을 논문의 이동마디와 각 이동마디를 이루는 하위 단계에 따라 분류한 후, 서론, 본론, 결론으로 전개되는 논문의 구조에 따라 배열하였다. 아울러 각 이동마디에 해당하는 내용을 작성할 때 필수적으로 포함해야 할 내용과 함께 자주 쓰이는 논문 표현의 특징을 설명하고, 개별 논문 표현에는 전형적인 용법을 쉽게 파악할 수 있도록 다양한 주제의 용례를 제시하였다. 이를 통해 외국인 유학생들이 논문에서 전형적으로 사용되는 논문 표현뿐만 아니라 학술 텍스트로서 논문이 갖추어야 할 담화 양식의 특성을 쉽게 배우고 사용할 수 있도록 하였다. 1장의 '서론 쓰기'에서 첫 번째로 제시되는 '연구의 필요성 주장하기'부터 7장의 '결론 쓰기'에서 마지막으로 제시되는 '후속 연구 제언 및 기약하기'까지 단계별로 제시되는 이동마디를 따라 적절한 논문 표현을 하나씩 골라 쓰다 보면 어느덧 한 편이 논문이 완성되어 있을 것이다.

   대학(원)에 진학하여 교육과정을 이수하고, 그 과정에서 혹은 그 끝에서 한 편의 논문을 작성하기까지 많은 시간과 노력이 필요하다. 이는 외국인 유학생뿐만 아니라 학문의 길에 들어선 모든 이들이 넘어야 할, 결코 만만치 않은 산이라고 할 수 있다. 본서가 그러한 산을 넘는 외국인 유학생들에게 든든한 안내자의 역할을 하기를 바라며, 편집에서 출간까지 함께하며 본서의 출판을 허락해 준 한국문화사의 관계자에게 깊은 감사의 마음을 전한다.

2024년 12월
저자 일동

일러두기

- 이 책은 외국인 유학생들이 한국어로 논문을 쓰는 데 필요한 필수 표현을 효율적으로 익히고 자신에게 필요한 적절한 표현을 선택하여 논문을 쓸 수 있도록 개발한 학습서이자 교수 자료이다.
- 각 장은 일반적인 논문 구성과 연계하여 크게 서론 쓰기, 본론 쓰기, 결론 쓰기로 구성하였으며, 각 장을 이루고 있는 주요 내용에 따라 총 49개의 세부 주제로 구분하였다.
- 한국어 논문과 학술 텍스트로 구성된 말뭉치에서 고빈도로 출현하는 표현을 분석하여 논문 쓰기에 필요한 핵심 표현 500개를 선정하여 제시하였다.
- 주제별로 분류한 각 장에서는 해당 장에서 기술해야 하는 논문의 내용과 주로 쓰이는 표현을 간단하게 설명한 후, 논문 표현과 예문 목록을 제시하였다.

무엇을 쓸까?
해당 장에서 필수적으로 기술되어야 하는 내용과 그 내용이 논문에서 갖는 기능을 제시하였다.

어떤 표현을 쓸까?
해당 영역을 기술할 때 주로 사용되는 대표적인 표현을 제시하고, 그러한 표현이 논문에서 갖는 의미 기능을 설명하였다.

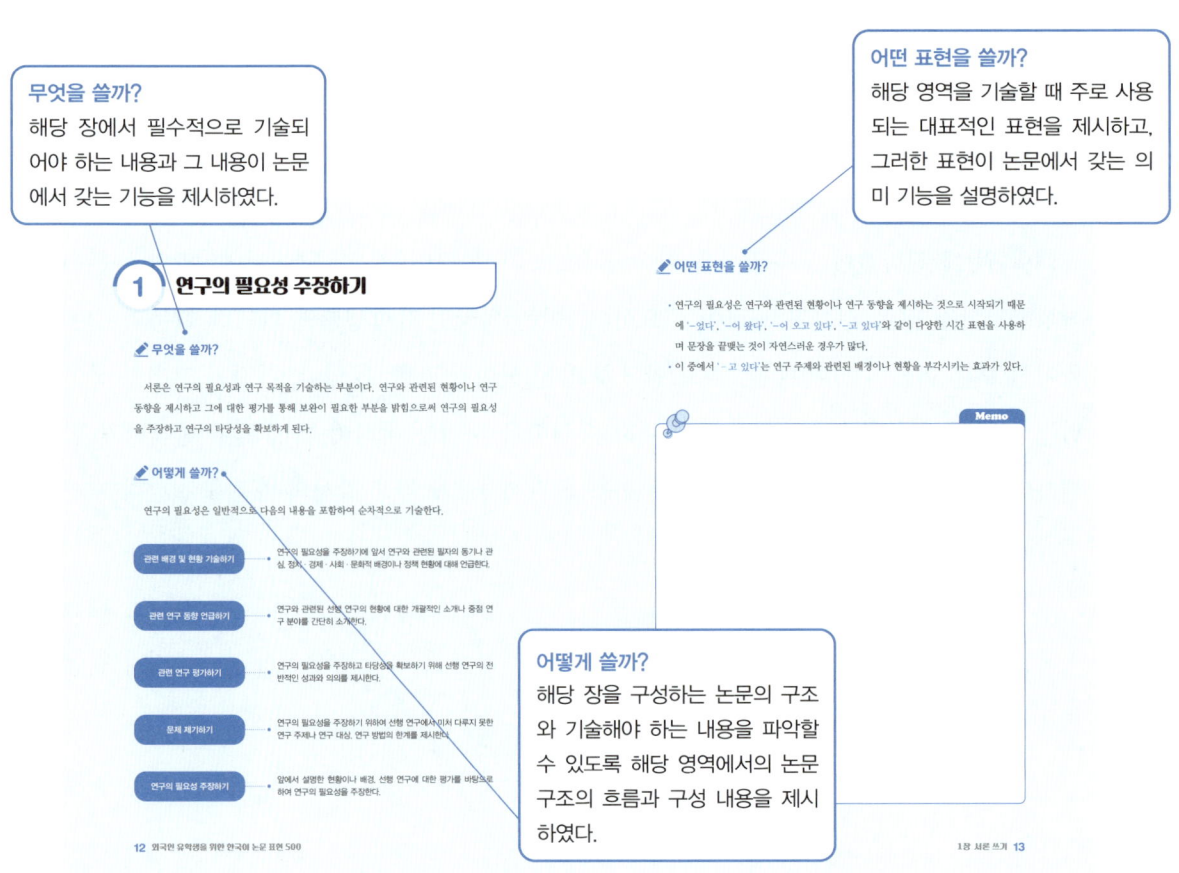

어떻게 쓸까?
해당 장을 구성하는 논문의 구조와 기술해야 하는 내용을 파악할 수 있도록 해당 영역에서의 논문 구조의 흐름과 구성 내용을 제시하였다.

해당 영역을 쓸 때 주로 사용되는 단어와 표현을 제시하였다.

해당 영역을 구성하는 논문의 내용과 기술할 때 주의해야 하는 점에 대해서 설명하였다.

03 관련 연구 평가하기

서론에서 연구의 필요성을 주장하고 타당성을 확보하기 위해 선행 연구를 평가하는 부분이다. 여기에서는 개별 연구에 대한 평가를 하지 않으며 전체 선행 연구의 성과와 의의를 제시하는 것이 일반적이다.

- '~으로 평가되다', '~으로 평가할 수 있다', '-을 만하다' 등의 표현을 쓴다.
- '긍정적으로', '높이'와 같은 평가 표현을 함께 쓰기도 한다.
- '선행 연구'를 가리키는 표현으로는 '기존의 연구', '그간의 연구', '이전의 연구', '지금까지의 연구' 등이 있다.

➡ 더 많은 표현은 이론적 배경 및 선행 연구 검토하기의 '6 개별 선행 연구 평가하기'(58쪽) 참고

파란박스
교체 가능한 표현 중 대표적으로 쓰이는 용어 및 표현이다.

표제어
논문의 각 영역에서 주로 사용되는 정형적인 표현을 제시하였으며, 교체 가능한 형태를 제시함으로써 실제 논문에 확장하여 적용할 수 있도록 하였다.

▪ 선행 연구 는 평가 내용 으로 평가된다
— 이러한 논의는 한국어 교육 문법을 체계화함으로써 학계에 큰 기여를 한 것으로 평가된다.
— 이 연구에서 사용된 면담 기법은 피험자들로부터 사실적이고 구체적인 자료를 수집할 수 있는 유용한 연구 방법으로 평가된다.

Tip!
'선행 연구는' 대신 '이 연구에서 사용된 연구 방법은'과 같이 그 연구에서 사용한 연구 방법론이나 관련 내용 등을 포함해 쓰기도 한다.

회색박스
정형적인 표현과 함께 주로 다루어지는 논문의 내용에 해당하는 부분이다. 필자가 논문과 관련된 내용으로 직접 작성하여 하나의 문장을 완성하게 된다.

▪ 선행 연구 는 평가 내용 으로 평가할 수 있다
— 이 연구는 앞선 연구들이 가설을 검증하는 데에 초점을 둔 것과 달리, 가설을 추론하는 데에 초점을 둔 연구로 높이 평가할 수 있다.

예문
해당 표현의 용법을 실제적인 학술 텍스트 맥락 속에서 이해할 수 있도록 예문을 제시하였다.

Tip!
제시된 표현의 활용 방법, 교체 단어와 표현 등 표제어를 실제 논문에 적용할 때 참고할 수 있는 사항을 제시하였다.
- 대체 가능한 어휘 및 표현
  — 유사한 의미를 지닌 다양한 어휘를 제시하였다.
  — 교체하여 사용 가능한 여러 표현을 제시하였다.
- 사용상의 특징
  — 필자의 의도에 따라 적절한 표현을 선택할 수 있도록 사용상의 특징을 제시하였다.
- 사용 맥락
  — 논문에서 해당 표현이 사용되는 맥락을 제시하였다.

목차

서문 4
일러두기 6

1장 서론 쓰기

1. 연구의 필요성 주장하기 — 12
- 01 관련 배경 및 현황 기술하기 — 14
- 02 관련 연구 동향 언급하기 — 18
- 03 관련 연구 평가하기 — 21
- 04 문제 제기하기 — 23
- 05 연구의 필요성 주장하기 — 25

2. 연구 목적 기술하기 — 28
- 06 연구 목적 기술하기 — 30
- 07 선행 연구와의 차별성 언급하기 — 33
- 08 연구 문제 제시하기 — 35
- 09 연구의 의의 제시하기 — 37
- 10 논의의 구성 소개하기 — 39

2장 본론 쓰기

3. 이론적 배경 및 선행 연구 검토하기 — 44
- 11 용어 및 개념 정의하기 — 46
- 12 분류하기 — 48
- 13 선행 연구 동향 개괄하기 — 50
- 14 선행 연구 동향 상세화하기 — 53
- 15 개별 선행 연구 요약하기 — 56
- 16 개별 선행 연구 평가하기 — 58
- 17 선행 연구의 성과 종합하기 — 62
- 18 연구 방향 제시하기 — 64

4. 연구 방법 및 절차 소개하기 — 66
- 19 연구 대상 및 범위 한정하기 — 68
- 20 연구 방법 제시하기(1): 자료 분석 연구 — 72
- 21 연구 방법 제시하기(2): 설문 조사 연구 — 78
- 22 연구 방법 제시하기(3): 실험 연구 — 83
- 23 연구 절차 제시하기 — 86

5. 분석 결과 제시하기 — 88

24 〈그림/표〉로 분석 결과 제시하기 — 90
25 〈그림/표〉 가리키기 — 92
26 양적 분석 결과 설명하기 — 94
27 순위 제시하기 — 97
28 분석 결과 비교하기 — 99
29 통계 검정 결과 제시하기 — 102
30 인터뷰 결과 보고하기 — 104
31 분석 결과 해석하기 — 106
32 기존 연구 결과와 비교하기 — 109
33 연구 성과 밝히기 — 111

6. 논의하기 — 114

34 나열하기 — 116
35 부연하기 — 119
36 비교·대조하기 — 123
37 예시하기 — 126
38 논거 제시하기 — 130
39 이유 제시하기 — 134
40 인용하기 — 137
41 필자의 태도 표현하기 — 139
42 부드럽게 표현하기 — 142
43 강조하기 — 150

3장 결론 쓰기

7. 결론 쓰기 — 160

44 연구 개요 정리하기 — 162
45 연구 결과 요약하기 — 165
46 연구의 시사점 제시하기 — 170
47 연구의 의의 및 학문적 기여 평가하기 — 172
48 연구의 한계점 제시하기 — 174
49 후속 연구 제언 및 기약하기 — 177

1장 서론 쓰기

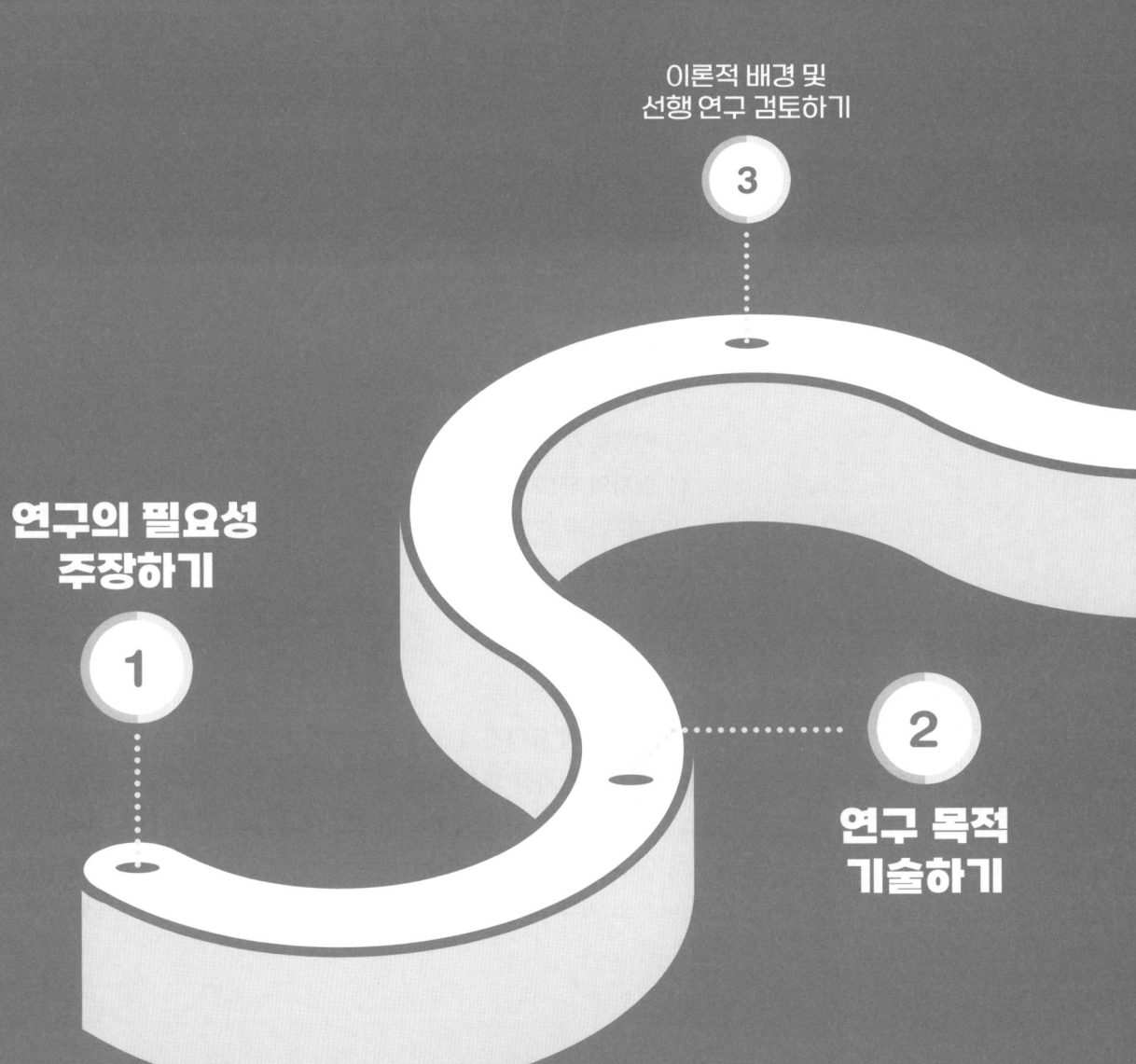

1. 연구의 필요성 주장하기
2. 연구 목적 기술하기
3. 이론적 배경 및 선행 연구 검토하기

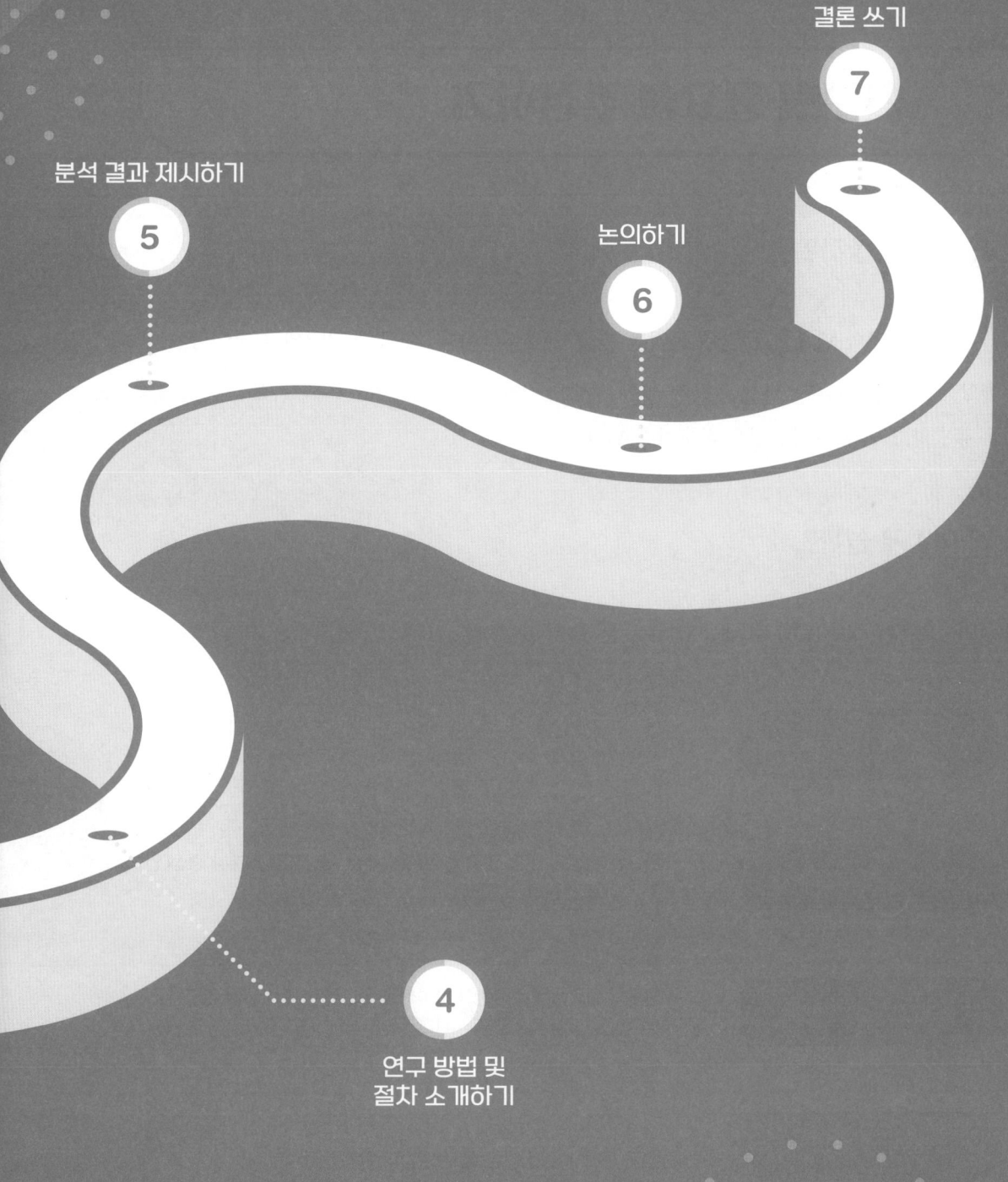

1 연구의 필요성 주장하기

✏️ 무엇을 쓸까?

서론은 연구의 필요성과 연구 목적을 기술하는 부분이다. 연구와 관련된 현황이나 연구 동향을 제시하고 그에 대한 평가를 통해 보완이 필요한 부분을 밝힘으로써 연구의 필요성을 주장하고 연구의 타당성을 확보하게 된다.

✏️ 어떻게 쓸까?

연구의 필요성은 일반적으로 다음의 내용을 포함하여 순차적으로 기술한다.

- **관련 배경 및 현황 기술하기** …… 연구의 필요성을 주장하기에 앞서 연구와 관련된 필자의 동기나 관심, 정치·경제·사회·문화적 배경이나 정책 현황에 대해 언급한다.

- **관련 연구 동향 언급하기** …… 연구와 관련된 선행 연구의 현황에 대한 개괄적인 소개나 중점 연구 분야를 간단히 소개한다.

- **관련 연구 평가하기** …… 연구의 필요성을 주장하고 타당성을 확보하기 위해 선행 연구의 전반적인 성과와 의의를 제시한다.

- **문제 제기하기** …… 연구의 필요성을 주장하기 위하여 선행 연구에서 미처 다루지 못한 연구 주제나 연구 대상, 연구 방법의 한계를 제시한다.

- **연구의 필요성 주장하기** …… 앞에서 설명한 현황이나 배경, 선행 연구에 대한 평가를 바탕으로 하여 연구의 필요성을 주장한다.

✏️ 어떤 표현을 쓸까?

- 연구의 필요성은 연구와 관련된 현황이나 연구 동향을 제시하는 것으로 시작되기 때문에 '-었다', '-어 왔다', '-어 오고 있다', '-고 있다'와 같이 다양한 시간 표현을 사용하며 문장을 끝맺는 것이 자연스러운 경우가 많다.
- 이 중에서 '-고 있다'는 연구 주제와 관련된 배경이나 현황을 부각시키는 효과가 있다.

01 관련 배경 및 현황 기술하기

연구의 필요성을 주장하기에 앞서 관련 배경이나 현황을 기술하는 부분이다. 연구와 관련된 필자의 동기나 관심, 정치·경제·사회·문화적 배경이나 정책에 대해 언급한다. 필요에 따라 관련 통계 자료를 함께 제시하기도 한다.

- 관련 배경이나 현황을 부각시키기 위하여 '-고 있다'를 쓰는 경우가 많다.
- '경우', '경향', '상태', '상황', '추세', '실정' 등의 단어를 많이 쓴다.

- ~의 중요성이 높아지고 있다
    - 인터넷 기반 비즈니스가 활성화됨에 따라 웹사이트 품질의 중요성이 높아지고 있다.
    - 초고령화 사회를 앞두고 중장년층이 더 오래 일할 수 있도록 하기 위한 고용 지원 정책의 중요성이 높아지고 있다.

    > **Tip!**
    > '높아지다' 대신 '증대되다', '커지다', '부각되다', '강조되다'를 쓰기도 한다.

- ~가 대두되고 있다
    - 학교 교육에서 학생들의 디지털 기기 활용 능력 향상에 주목해야 한다는 논의가 대두되고 있다.
    - 초고령화 시대를 맞이하여 노인들의 생활 만족도에 대한 연구의 필요성이 대두되고 있다.

- ~가 주목받고 있다
  - 효과적인 학습 방법 중 하나로 서로 다른 생각을 가진 학생들이 함께 문제를 해결하는 협력적 문제해결 활동이 주목받고 있다.
  - 최근 교육 패러다임이 학습자 중심 교육으로 바뀌면서 플립러닝이 주목받고 있다.

- ~가 관심의 대상이 되고 있다
  - 최근 들어 다양한 분야에서 '리터러시'가 관심의 대상이 되고 있다.
  - 기업 성과에 중요한 영향을 미치는 온라인 커뮤니케이션이 실무자와 연구자의 관심의 대상이 되고 있다.

- -는 것이 사실이다
  - 정보통신 기술이 예체능 교육에서는 충분히 활용되지 못하고 있는 것이 사실이다.
  - 교육 환경 개선을 위한 노력에도 불구하고 양질의 교육 서비스 제공에는 많은 어려움이 따르는 것이 사실이다.

주로 부정적인 상황을 기술할 때 쓴다.

- -는 것은 주지의 사실이다
- -음은 주지의 사실이다
  - 인간만이 언어를 학습하고 습득할 수 있다는 것은 주지의 사실이다.
  - 최근 인공지능 기술이 다양한 학문 분야의 연구에 적용되고 있음은 주지의 사실이다.

제시하는 내용이 독자를 포함한 학계의 연구자들이 모두 알고 있음을 말함으로써 독자의 참여를 유도하고 필자가 논의하고자 하는 것의 당위성을 강조할 때 쓴다.

- **-는 경우가 많다**
  - 최근 국제 공동 연구를 통하여 대규모의 연구를 수행하는 경우가 많다.
  - 대조언어학은 두 개 언어의 차이점과 유사점을 연구하는 학문인데, 차이점 비교에 주목하는 경우가 많다.

- **-는 경향이 있다**
  - 초등학생의 읽기 장애는 음운을 인식하거나 시각 처리를 하는 데에서 결손이 발생하는 경향이 있다.
  - 학교와 미술관이 각각 분리되어 운영됨으로 인해서 미술관 교육의 실효성이 떨어지는 경향이 있다.

- **-는 경향을 보인다**
  -는 경향을 보이고 있다
  - 최근 자연 관광 자원에 대한 관심이 관광지구, 호수 등으로 다양화되는 경향을 보인다.
  - 외국인 학습자가 증가함에 따라 학습 목적이 세분화되는 경향을 보이고 있다.

- **-는 편이다**
  - 고려 불화는 오래 전부터 그 가치가 세계적으로 잘 알려져 있는 편이다.
  - 긍정 심리에 대한 연구 성과는 부정적 심리에 대한 연구 성과에 비해 매우 부족한 편이다.

   Tip!

  어떤 상태나 현황을 부드럽게 표현하고자 할 때 쓴다. 특히, 부정적인 맥락에서 쓰는 경우가 많다. 예를 들어, 관련 선행 연구가 별로 없을 때, '거의 없다', '드물다', '부족하다'와 함께 사용하여 '~에 대한 연구는 거의 없는 편이다', '~에 대한 연구는 드문 편이다'와 같이 쓸 수 있다.

- **–는 상태이다**
  - 국내 전력 사업은 해외 사례와 달리 오랜 시간 동안 큰 변화가 없는 상태이다.
  - 이러한 이론은 발표된 지 상당한 시간이 지난 지금까지도 새로운 발전이 없는 상태이다.

- **–는 상황이다**
  - 최근 지하 공간이 증가함에 따라 인간 친화적인 지하 공간으로의 환경 개선 요구가 커지고 있는 상황이다.
  - 한류의 확산과 함께 한국어 학습에 대한 해외의 수요가 증가하고 있는 상황이다.

- **–는 추세이다**
  - 의료 수준의 향상으로 인하여 기대 수명이 증가하고 있는 추세이다.
  - 최근 환경 오염을 유발하는 유해 물질 측정에 대한 요구가 늘고 있는 추세이다.

- **–는 실정이다**
  - 국내에서는 흡연이 인슐린 저항성과 연관되어 있다는 연구가 거의 이루어지지 못하고 있는 실정이다.
  - 학교 상담 규정과 권고 사항이 서로 다름으로 인해서 상담교사들의 역할에 관한 혼란을 가중시키고 있는 실정이다.

> 주로 부정적인 상황을 기술할 때 쓴다.

- **–기에는 역부족이다**
  - 전화 면담은 다양한 정보원으로부터 충분한 정보를 확보하기에는 역부족이다.
  - 오프라인 매장은 기존의 방식을 바꾸지 않고 온라인 매장과의 경쟁에서 살아남기에는 역부족이다.

02 관련 연구 동향 언급하기

연구와 관련된 선행 연구의 동향을 제시하는 부분이다. 선행 연구를 고찰하는 부분에서 상세한 내용이 제시되므로 서론에서는 전반적인 현황이나 중점적으로 이루어진 연구 분야를 간단히 소개하도록 한다.

- '–었다', '–어 왔다', '–어 오고 있다, '–고 있다'의 형태로 쓴다.
- '연구/논의가 이루어지다', '연구/논의가 진행되다', '연구/논의가 있다'와 같은 표현을 쓴다.
- '∼에 관한', '∼에 관해서는' 대신 '∼에 대한', '∼에 대해서는'으로 쓰기도 한다.

☞ 더 많은 표현은 이론적 배경 및 선행 연구 검토하기의 '13 선행 연구 동향 개괄하기'(50쪽) 참고

- 연구 주제 에 관한 연구는 세부 주제 를 중심으로 (논의가) 이루어졌다
  연구 주제 에 관한 연구는 세부 주제 를 중심으로 (논의가) 이루어져 왔다
  연구 주제 에 관해서는 세부 주제 를 중심으로 (논의가) 이루어져 왔다
  – 지금까지 소송에 관한 연구는 주로 소송의 제도적 특징과 실례를 중심으로 이루어졌다.
  – 학문 목적 학습자를 위한 쓰기에 관해서는 특히 보고서나 논문 쓰기를 중심으로 활발한 논의가 진행되어 왔다.

- 연구 주제 에 관한 연구는 세부 주제 에 주목하여 (논의가) 이루어졌다
  연구 주제 에 관한 연구는 세부 주제 에 주목하여 (논의가) 이루어져 왔다
  연구 주제 에 관해서는 세부 주제 에 주목하여 (논의가) 이루어져 왔다
  – 이에 따라 학업 스트레스에 관한 연구는 학업 스트레스가 청소년의 정신 건강에 미치는 영향에 주목하여 논의가 진행되었다.
  – 이에 따라 최근의 에듀테크에 관해서는 인공지능 기술과 결합한 학습 도구 개발에 주목하여 폭넓은 논의가 이루어져 왔다.

- 연구 주제 에 관한 연구는 많은 연구자들에 의해 (논의가) 이루어졌다
  연구 주제 에 관한 연구는 많은 연구자들에 의해 (논의가) 이루어져 왔다
  연구 주제 에 관해서는 많은 연구자들에 의해 (논의가) 이루어져 왔다
  - 기업 전략에 관한 연구는 그동안 많은 학자들에 의해 폭넓게 이루어져 왔다.
  - 장르 구분에 관해서는 지금까지 많은 연구자들에 의해 활발하게 논의가 진행되어 왔다.

- 연구 주제 에 관해서는 세부 주제 가 연구되었다
  - 매체를 활용한 교수 방안에 관해서는 컴퓨터를 활용한 교수·학습 활동의 다양한 교육적인 효과가 활발하게 연구되었다.
  - 지금까지 약용 식물에 관해서는 다양한 식물을 대상으로 한 항산화 효과가 연구되었다.

- 연구 주제 에 관한 연구는 해당 연구 가 있다
  연구 주제 에 관한 연구는 해당 연구 등이 있다
  연구 주제 에 관해서는 연구의 수 의 논의가 있다
  - 로스의 저서에 관한 연구에는 오구라 신페이(1940), 최현배(1948), 고영근(1979, 1987), 고예진(2013) 등이 있다.
  - 일반적으로 기업의 규모와 범위에 관해서는 300여 편 이상의 논의가 있다.

  > **Tip!**
  > 해당 연구를 나열하는 대신 구체적인 논문의 편 수 또는 '여러', '많은', '다양한'과 같이 그에 상응하는 표현을 쓰기도 한다.

- 연구 주제 에 관한 연구는 세부 주제 가 대표적이다
  - 부모 상담에 관한 연구는 부모 상담 실태나 만족도 조사 연구, 부모와 자녀의 놀이 치료 효과에 관한 연구가 대표적이다.
  - 학습 동기에 관한 연구는 동기의 유형과 특징, 동기와 학업 성취에 미치는 영향, 특정 교수 활동이 동기에 미치는 영향을 다룬 연구가 대표적이다.

03 관련 연구 평가하기

서론에서 연구의 필요성을 주장하고 타당성을 확보하기 위해 선행 연구를 평가하는 부분이다. 여기에서는 개별 연구에 대한 평가를 하지 않으며 전체 선행 연구의 성과와 의의를 제시하는 것이 일반적이다.

- '~으로 평가되다' '~으로 평가할 수 있다', '~을 만하다' 등의 표현을 쓴다.
- '긍정적으로', '높이'와 같은 평가 표현을 함께 쓰기도 한다.
- '선행 연구'를 가리키는 표현으로는 '기존의 연구', '그간의 연구', '이전의 연구', '지금까지의 연구' 등이 있다.

☞ 더 많은 표현은 이론적 배경 및 선행 연구 검토하기의 '16 개별 선행 연구 평가하기'(58쪽) 참고

- 선행 연구 는 평가 내용 으로 평가된다
  - 이러한 논의는 한국어 교육 문법을 체계화함으로써 학계에 큰 기여를 한 것으로 평가된다.
  - 이 연구에서 사용된 면담 기법은 피험자들로부터 사실적이고 구체적인 자료를 수집할 수 있는 유용한 연구 방법으로 평가된다.

  Tip!
  '선행 연구는' 대신 '이 연구에서 사용된 연구 방법은'과 같이 그 연구에서 사용한 연구 방법론이나 관련 내용 등을 포함해 쓰기도 한다.

- 선행 연구 는 평가 내용 으로 평가할 수 있다
  - 이 연구는 앞선 연구들이 가설을 검증하는 데에 초점을 둔 것과 달리, 가설을 추론하는 데에 초점을 둔 연구로 높이 평가할 수 있다.

- 이 연구는 지역의 경제 구조를 파악하기 위해 매우 체계적인 방법론을 사용한 것으로 평가할 수 있다.

- **선행 연구** 는 **평가 내용** 었다는 점에서 높이 평가할 만하다
  - 그의 연구는 한국의 문화유산의 가치를 재평가하기 위한 이론적 토대를 마련했다는 점에서 높이 평가할 만하다.
  - 이 연구는 우리 문화유산에 대해 자긍심을 갖는 데 중요한 기반을 마련했다는 점에서 높이 평가할 만하다.

  > **Tip!**
  > 이 표현은 '높이', '긍정적으로'와 같은 평가 표현이 반드시 포함되어야 한다.

- **선행 연구** 는 **평가 내용** 었다는 점에서 높이 평가할 수 있다
  - 이 연구는 학습자 중심 교육의 관점에서 교과서 개편에 관한 논의를 시도했다는 점에서 긍정적으로 평가할 수 있다.
  - 이러한 논의는 앞선 연구의 성과를 통해 파악한 쟁점을 토대로 새로운 연구 주제와 방법들을 이끌어냈다는 점에서 높이 평가할 수 있다.

- **선행 연구** 는 **평가 내용** 었다고 할 만하다
  - 이들의 논의는 한국 대중문화의 특성을 잘 보여 주었다고 할 만하다.
  - 지금까지의 연구는 영어과 교육 내용의 기저를 마련하는 데 큰 기여를 했다고 할 만하다.

04 문제 제기하기

연구의 필요성을 주장하기 위하여 선행 연구의 부족한 점을 제시하는 부분이다. 선행 연구가 미처 다루지 못한 연구 주제나 연구 대상, 연구 방법의 한계를 제시한다. 대개 앞에서 선행 연구의 성과나 의의에 대한 긍정적 평가가 먼저 이루어진다.

- '그러나', '하지만', '그럼에도 불구하고'와 같은 표현을 함께 쓰는 경우가 많다.
- 앞에서 선행 연구의 성과나 의의를 제시하고 문제 제기를 하는 경우가 많기 때문에 '선행 연구'는 생략하기도 한다.

☞ 더 많은 표현은 이론적 배경 및 선행 연구 검토하기의 '16 개별 선행 연구 평가하기'(58쪽) 참고

- 선행 연구 는 선행 연구의 부족한 점 지(는) 못했다
  - 그간의 연구는 여러 나라의 무역 구조에 대한 논의를 활발하게 진행해 왔지만 베트남을 대상으로 한 구체적인 분석은 이루어지지는 못했다.
  - 교과 교육에 대한 많은 논의가 있어 왔음에도 불구하고 지금까지의 연구는 국어과 교육 영역에 대한 다양한 조사나 분석이 활발히 이루어지지 못했다.

- 선행 연구 는 선행 연구의 부족한 점 다는 한계가 있다
  - 그러나 기존의 연구들은 여성의 음주 문제에 관해서만 다루고 있을 뿐, 그 원인이나 인과 관계를 살피고 있지 못하다는 한계가 있다.
  - 그간의 연구는 소규모의 자료를 분석 대상으로 함에 따라 연구 결과를 일반화하기 어렵다는 한계가 있다.

> **Tip!**
> 1. 주로 '-지 않다', '-을 수 없다', '-지 못하다', '-기 어렵다'와 같은 부정 표현과 함께 쓰는 경우가 많다.
> 2. '한계' 대신 '제한점', '아쉬움'을 쓰기도 한다.

- 선행 연구 는 선행 연구의 부족한 점 었을 뿐이다
  - 지금까지의 연구는 다양한 에너지에 대한 사용자의 인식을 전반적으로 살펴보지 못하고 특정 에너지에 대한 선호도에 대한 단편적 논의를 하는 데에 그쳤을 뿐이다.
  - 선행 연구에서는 멘토링의 행동 유형 중 일부에 대해서만 '효과적이다'라는 결과를 제시했을 뿐이다.

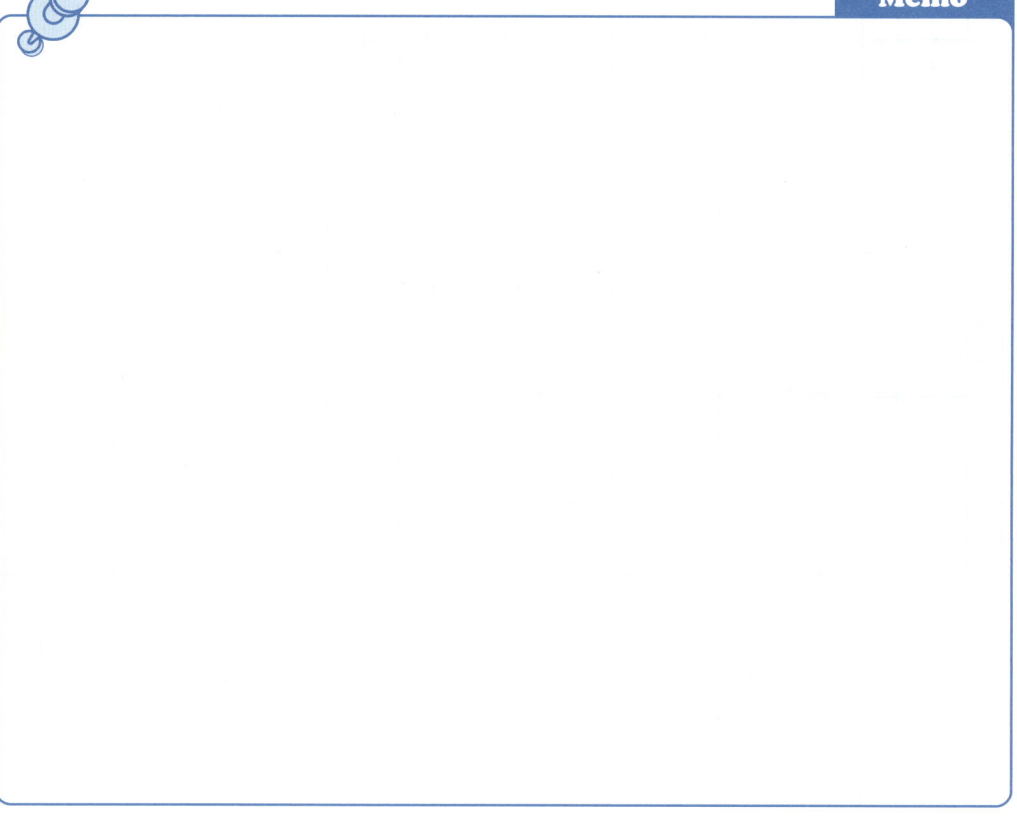

05 연구의 필요성 주장하기

연구의 필요성을 주장하는 부분이다. 앞에서 설명한 현황이나 배경, 선행 연구에 대한 평가를 바탕으로 하여 연구가 이루어져야 하는 이유, 절실함, 시급함 등을 언급한다.

- '필요하다', '시급하다', '요구되다'와 같은 단어를 쓴다.

- ~가 필요하다
  - 연구 결과를 일반화하기 위해서는 보다 많은 피험자를 대상으로 한 자료 조사 연구<u>가 필요하다</u>.
  - 효과적인 교육을 위해서는 무엇보다도 교육 대상에 따른 요구분석 연구<u>가 절실하게 필요하다</u>.

  Tip!
  '절실하게', '반드시'와 같은 표현을 함께 써서 필요성을 강조할 수 있다.

- -을 필요가 있다
  -을 필요성이 있다
  - 당시 여성의 지위를 파악하기 위해서는 여성들이 사회에서 어떤 역할을 했는지에도 주목<u>할 필요가 있다</u>.
  - 따라서 현재 노인들의 여가 생활에 관한 연구가 어떠한 방향으로 진행되고 있는지, 향후 어떠한 연구가 필요한지 살펴<u>볼 필요성이 있다</u>.

  Tip!
  주로 '살펴보다', '주목하다', '관심을 가지다'와 같은 단어와 함께 쓴다.

- ~가 시급하다
  - 탁주의 보급을 확대해 나가려면 탁주의 쓴맛이 발생하는 원인을 밝혀내고 이를 해결하기 위한 방안을 연구하는 일이 시급하다.
  - 18세기 한국 문학을 이해하기 위해서는 당시의 작품을 정리하는 일이 시급하다.

- ~가 절실하게 요구된다
  ~가 절실히 요구된다
  - 한국 고전 작품을 파악하기 위해서는 그 창작 배경에 관한 기초 연구가 절실하게 요구된다.
  - 터널의 환기 시스템을 최적화하기 위해서는 자연 환기력에 대한 연구가 절실히 요구된다.

- -을 필요성이 제기된다
  ~에 대한 연구의 필요성이 제기된다
  - 이전 연구들은 2000년대 이전의 자료를 대상으로 하였기 때문에, 2000년 이후 새롭게 출간된 자료들을 검토할 필요성이 제기된다.
  - 최근 인공지능 기술의 발달과 함께 언어 교육에 이를 적용한 논의들이 활발하게 이루어지고 있다. 이러한 맥락에서 일본어 교육에도 학습자가 주도적으로 인공지능을 활용한 교육 플랫폼을 활용할 수 있는 방안에 대한 연구의 필요성이 제기된다.

2 연구 목적 기술하기

✏️ 무엇을 쓸까?

연구를 통해 이루고자 하는 목적을 기술한다. 연구의 목적을 달성하기 위한 구체적인 연구 문제와 연구 가설을 제시하고, 연구의 의의를 밝힘으로써 연구의 중요성을 강조한다.

✏️ 어떻게 쓸까?

연구 목적은 일반적으로 다음의 내용을 포함하여 순차적으로 기술한다.

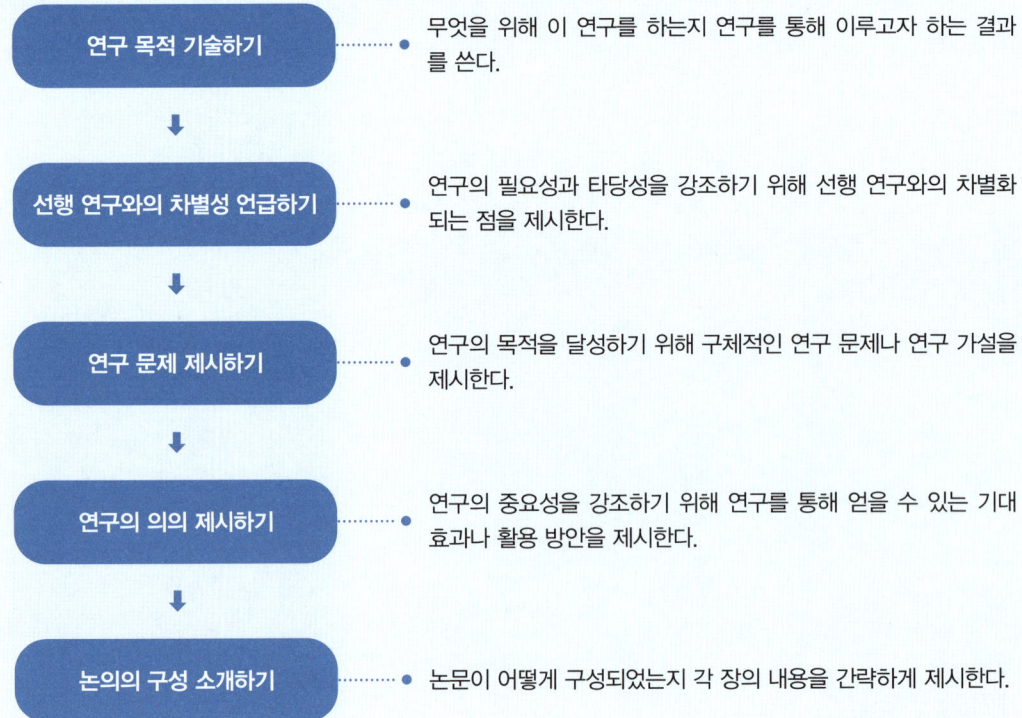

📝 어떤 표현을 쓸까?

- 연구 목적은 '–겠다', '–고자 한다', '–을 것이다'와 같이 필자의 의도를 나타내는 표현을 사용하여 문장을 끝맺는다.
- 세부 연구 문제와 연구의 의의는 필자가 예상하는 내용을 쓰는 것이기 때문에 '–을 것이다', '–을 수 있다'와 같이 추측이나 가능성을 나타내는 표현을 사용한다.

06 연구 목적 기술하기

무엇을 위해 이 연구를 하는지 연구를 통해 이루고자 하는 결과를 쓰는 부분이다.
연구 목적은 서론을 시작하는 부분에서 쓰기도 하고 연구의 배경과 필요성을 설명한 다음에 서론의 마지막 부분에 쓰기도 한다.

- '이 연구는 –는 데 목적이 있다'와 같은 표현을 사용해서 연구 목적을 직접적으로 쓴다.
- '이 연구에서는 –고자 한다'와 같은 표현을 사용해서 필자의 의도를 나타내는 방식으로 쓴다.
- 연구 목적을 쓸 때에는 '밝히다', '고찰하다', '논의하다', '분석하다', '살펴보다', '알아보다', '제시하다'와 같은 단어를 자주 쓴다.
- 연구를 가리키는 표현으로는 '본고', '본 연구', '이 연구', '이 글' 등을 쓴다.

- 〔본고〕의 목적은 〔연구 목적〕는 데 있다
    - 본 연구의 목적은 국내 연수 한국어 프로그램에 관한 선행 연구를 체계적으로 검토함으로써 국내 연수 한국어 프로그램의 개발과 발전 방향을 모색하는 데 있다.
    - 본고의 목적은 시판되고 있는 혈당약들의 혈당 조절 효과를 평가하는 데 있다.

- 〔본고〕는 〔연구 목적〕는 데 목적이 있다
    - 본 연구는 그동안 개발된 디지털교과서를 분석하여 앞으로의 개발의 방향성을 제안하는 데에 목적이 있다.
    - 본고는 플랫폼사업자 규제에 대한 다른 나라의 입법례를 검토하여 규제 법안을 마련하는 데 목적이 있다.

- 본고 는 연구 목적 는 데 목적을 둔다
  본고 는 연구 목적 는 데 목적을 두고 있다
  - 본고는 노인을 위한 장기요양서비스 분야에서의 시장화 추진 방안을 설계하는 데 목적을 둔다.
  - 본 연구는 Chat GPT를 활용한 쓰기 수업 모형을 개발하는 데 목적을 두고 있다.

- 본고 의 목적은 연구 목적 는 것이다
  - 본 연구의 목적은 중등 과학 교과에서 요구되는 문제 해결 능력을 함양시킬 수 있는 방안을 모색하는 것이다.
  - 이 연구의 목적은 기업 내 구성원들이 인식하고 있는 멘토링의 개념구조를 살펴보고, 이를 토대로 하여 멘토링 효과를 측정할 수 있는 척도를 개발하는 것이다.

- 본고 (에서)는 연구 목적 를 목적으로 한다
  - 본고는 담화 표지로서의 '좀'의 기능을 밝히는 것을 목적으로 한다.
  - 본 연구에서는 초등 예비교사들의 행정 업무에 대한 인식을 조사하여 행정 업무 개선 방향을 제시하는 것을 목적으로 한다.

  Q Tip!
  '목적' 대신 '목표'를 쓰기도 한다.

- 본고 (에서)는 연구 목적 고자 한다
  - 이 연구에서는 대학생들의 표절 의식을 조사한 후, 조사 결과를 바탕으로 글쓰기 윤리 교육에 대한 프로그램을 개발하고자 한다.
  - 이 연구는 노년층의 운동만족과 건강신념의 구조적 관계를 규명하고자 한다.

- 본고 (에서)는 연구 목적 을 것이다
  - 본고는 2020년 이후 부산 지역의 청년 창업 교육 제도와 운영 실태에 대해 살펴볼 것이다.
  - 이 연구에서는 중국어 학습자의 '把' 구문의 발달 양상을 구체적으로 살펴볼 것이다.

- 본고 (에서)는 연구 목적 도록 한다
  본고 (에서)는 연구 목적 도록 하겠다
  본고 (에서)는 연구 목적 도록 할 것이다
  - 본 연구에서는 모국어 화자와 한국어 화자의 담화 표지 사용 양상을 분석하도록 할 것이다.
  - 본고는 메밀이 체온 조절에 실제적인 효과가 있는지를 밝히도록 하겠다.

> **Tip!**
> 연구의 배경과 필요성을 설명한 다음, 서론의 마지막 부분에 연구 목적을 쓸 때에는 '이에', '따라서'와 같은 연결 표현을 사용한 후, 연구 목적을 쓴다.
> 예) 국외 학습자를 위한 이러닝 콘텐츠 개발에 대한 연구가 다수 이루어졌으나 실제 사례와 그 효과에 대한 실증적 연구는 부족한 실정이다. 이에 본고에서는 국외 학습자를 위한 이러닝 강좌의 사례를 분석해 보고자 한다.

07 선행 연구와의 차별성 언급하기

연구의 필요성과 타당성을 강조하기 위해 기존 연구와의 차별화되는 점을 부각시키는 부분이다. 보통 선행 연구의 경향을 살펴본 다음에 기존 연구와 다른 본 연구의 차이점을 쓴다.

- 차이점을 나타낼 때에는 '차이가 있다', '차별화된다'와 같은 표현을 자주 쓴다.

- `선행 연구` 에서 `선행 연구 내용` 와 달리 `본고` (에서)는 `차이점`
  - 선행 연구에서 단일 단어에 대한 복잡성을 측정한 것과 달리 본 연구에서는 어휘의 결합 관계인 연어에 대한 복잡성을 측정하고자 한다.
  - 기존 연구에서 디지털 리터러시 교육의 대상을 성인 학습자로 삼은 것과 달리 본 연구는 아동을 대상으로 삼는다.

- `선행 연구` (에서)는 `선행 연구 내용` 는 데 반해(서) `본고` (에서)는 `차이점`
  - 그간의 연구에서는 인공지능의 저작권에 대한 문제 제기 수준에 그친 데 반해, 본 연구에서는 이를 보다 구체화하여 살펴볼 것이다.
  - 선행 연구는 담화 표지의 사용 양상을 양적으로만 살펴본 데 반해서 본고는 담화 구조와 연계하여 담화 표지의 사용 양상을 질적으로 살펴보고자 한다.

- `선행 연구` (에서)와 달리 `본고` 는 `차이점` 다는 점에서 차별화된다
  - 선행 연구에서와 달리 이 연구는 코로나 시대 이후의 메타버스 활용 전략을 살펴본다는 점에서 차별화된다.
  - 본 연구는 기존의 어휘 평가 연구와 달리 시선추적기법을 활용하여 어휘 지식을 측정한다는 점에서 차별화된다.

> **Tip!**
> 1. 본고 를 선행 연구 보다 먼저 쓸 수도 있고, 뒤에서 쓸 수도 있다.
> 2. '점에서' 대신 '측면에서'를 쓰기도 한다.

- 본고 는 차이점 다는 점에서 선행 연구 와 차별점을 갖는다
  - 이 연구는 연금저축펀드의 운용행태를 분석하고, 평가 결과와 운용수익률 사이의 관계를 실증적으로 분석한다는 점에서 기존 연구와 차별점을 갖는다.
  - NGO의 활동에 대해서 선행 연구에서는 특정 분야의 NGO에 국한하여 살펴보았다면, 본고는 여러 분야의 NGO를 종합하여 살펴본다는 점에서 선행 연구와 차별점을 갖는다.

> **Tip!**
> 1. '차별점을 갖는다' 대신 '차별점을 지닌다', '차이가 있다'를 쓰기도 한다.
> 2. 앞에 '[선행 연구의 내용]다면'을 써서 선행 연구와 차별화되는 내용을 강조할 수 있다.

08 연구 문제 제시하기

연구의 목적을 달성하기 위해 구체적인 연구 문제(연구 질문)나 연구 가설을 제시하는 부분이다. '본고는 [연구 목적]는 데 목적이 있다. 이를 위하여 본 연구에서 설정한 연구 질문은 다음과 같다.'와 같이 보통 연구 목적을 쓴 다음에, 이 연구 목적을 달성하기 위한 구체적인 연구 문제나 연구 가설을 2~3가지 제시한다. 주로 서론의 마지막 부분에 쓴다.

- 연구 문제는 '[연구 문제]는가?'와 같이 질문의 형태로 쓴다.
- 연구 가설은 '[연구 가설]을 것이다'와 같이 추측의 형태로 쓴다.

- 이를 위하여 본고 에서 설정한 연구 문제는 다음과 같다. 첫째… 둘째… (셋째…)

  - 본 연구는 드라마에서 나타나는 구 단위 패턴을 활용한 영어 수업을 통해 중학생 영어 학습자들의 어휘 능력과 문법 능력이 향상되는지를 살펴보고, 교육적 시사점을 제언하는 데 목적이 있다. 이를 위하여 본 연구에서 설정한 연구 문제는 다음과 같다.

    첫째, 드라마에서 나타나는 구 단위 패턴을 활용한 영어 수업을 통해 중학생 영어 학습자들의 어휘 능력이 향상되는가?

    둘째, 드라마에서 나타나는 구 단위 패턴을 활용한 영어 수업을 통해 중학생 영어 학습자들의 문법 능력이 향상되는가?

    > **Tip!**
    > 1. '이를 위하여' 앞에는 연구의 목적을 쓴다.
    > 2. '연구 문제' 대신에 '연구 질문'으로 바꿔 쓸 수 있다. 이때에는 질문의 형식으로 제시한다.

- 본고 의 연구 문제는 다음과 같다. 첫째… 둘째… (셋째…)
  - 본 논문의 연구 문제는 다음과 같다.
    첫째, 발음 오류의 유형이 언어권에 따른 차이가 있는가?
    둘째, 발음 오류의 유형이 숙달도에 따른 차이가 있는가?

  > **Tip!**
  > 연구 문제를 제시한 후에, 그 문제에 대한 연구 가설을 함께 제시하기도 한다.

- 본고 에서는 다음과 같은 연구 가설을 설정하였다. 첫째… 둘째… (셋째…)
  - 본고에서는 다음과 같은 연구 가설을 설정하였다.
    첫째, 연령에 따라 임금근로자와 자영업자의 직무만족도에 차이가 있을 것이다.
    둘째, 성별에 따라 임금근로자와 자영업자의 직무만족도에 차이가 있을 것이다.

  > **Tip!**
  > '연구 가설'을 쓸 때에는 질문의 형식이 아닌 예상하는 결과를 쓴다.

09 연구의 의의 제시하기

해당 연구가 관련 학문 분야에 어떻게 도움이 될 수 있는지를 쓰는 부분이다. 연구를 통해 얻을 수 있는 기대 효과나 활용 방안을 제시하여 연구의 중요성을 강조할 때 쓴다. 보통 서론의 마지막 부분에 쓰거나 결론에서 연구로부터 얻을 수 있는 기대 효과로 제시되기도 한다.

- 연구의 의의를 나타낼 때에는 '-겠다', '-을 것이다', '-을 수 있다', '-을 것으로 보인다', '-을 수 있을 것이다'와 같이 추측이나 가능성을 나타내는 표현을 쓴다.
- 또한 '의의가 있다', '의의를 지니다', '가치가 있다', '도움이 되다', '도움을 주다', '~으로 활용되다', '~에 기여하다'와 같은 표현을 주로 쓴다.

☞ 더 많은 표현은 결론 쓰기의 '47 연구의 의의 및 학문적 기여 평가하기'(172쪽) 참고

- 본고 는 연구의 의의 다는 점에서 의의가 있다
  - 이 연구는 서비스 품질과 서비스 만족 간의 영향 관계를 실증적으로 검증한다는 점에서 의의가 있다.
  - 이 연구는 기존 연구에서 주목하지 못한 심리언어학적 방법으로 학습자의 어휘 능력을 살펴본다는 점에서 의의가 있다.

- 본고 는 연구의 의의 다는 점에서 의의를 지닌다
  - 이 연구는 향후 지역발전을 위한 정책 수립 시 기초 자료로써 활용될 수 있다는 점에서 의의를 지닌다.
  - 본 논문의 요구 분석 결과는 지역 특상품 개발 및 마케팅 측면에 활용될 수 있다는 점에서 의의를 지닌다.

> **Tip!**
> '지닌다' 대신 '갖는다', '가진다'를 쓰기도 한다.

- **연구의 의의** 다는 데 **본고** 의 의의가 있다
  - 예비유아교사 교육과정 개발에 기초적인 자료로 활용될 수 있<u>다는 데 본 연구의 의의가 있다</u>.
  - 지금까지 연구가 미진했던 아프리카 학습자를 연구 대상으로 삼는<u>다는 데 본고의 의의가 있다</u>.

- **본고** 는 **기대 효과** 으리라고 기대한다
  본고 는 **기대 효과** 을 것으로 기대한다
  - <u>본 연구는</u> Chat GPT를 활용한 오류 수정 방안을 마련함으로써 학습자의 주도적인 오류 수정의 효과를 얻을 수 있<u>으리라고 기대한다</u>.
  - <u>이 연구는</u> 대학과 지역 간의 취업 지원 네트워크 활성화 방안을 모색하여 지역 내 산업 전 분야에서 활동할 수 있는 고급 인력을 양성하는 데 기여<u>할 것으로 기대한다</u>.

  > **Tip!**
  > 1. '–을 수 있으리라고 기대한다', '–을 수 있을 것으로 기대한다'와 같이 앞에 '–을 수 있'과 함께 쓰기도 한다.
  > 2. '기대한다' 대신 '믿는다', '생각한다', '생각된다'를 쓰기도 한다.

10 논의의 구성 소개하기

논문이 어떻게 구성되었는지를 쓰는 부분이다. 보통 서론의 마지막에 쓰며 생략하기도 한다. 학위논문에서는 독립된 소절을 구성하여 쓴다.

- '본고의 구성은 다음과 같다. 제1장에서는... 제2장에서는... 제3장에서는...'과 같이 논의의 순서를 차례대로 쓴다.
- 서론 이후의 장을 소개할 때에는 '-는다', '-을 것이다', '-겠다'로 쓴다.

- 본고 의 구성은 다음과 같다. 제1장에서는 연구 내용 ... 제2장에서는 연구 내용 ... 제3장에서는 연구 내용 ...
  - 본 논문의 구성은 다음과 같다. 제1장에서는 본 연구의 목적과 필요성을 제시하였다. 제2장에서는 본 연구의 이론적 토대가 되는 소비자 심리 태도, 소비자 행동 모형에 따른 반응 개념에 대해 살펴본다. 제3장에서는 연구 모형을 설계하고 요인 간의 관계에 관한 가설을 설정하고, 이를 검증하기 위한 연구 방법을 설계한다. 제4장에서는 설문 조사 결과를 분석하여 가설을 검증하고자 한다. 마지막으로 5장에서는 본 연구의 결과를 요약하고, 연구의 한계점과 의의를 밝힌다.

> **Tip!**
> 1. 학위논문에서 독립된 소절을 구성하여 논의의 구성을 소개할 때에는, 이미 앞 소절에서 연구의 목적과 필요성을 제시하였기 때문에 '-었다'와 같은 과거 표현을 사용한다.
> 2. 마지막 장 앞에는 '마지막으로'를 쓰기도 한다.

- 본고 의 구성은 다음과 같다. 우선, 연구 내용 … 다음으로 연구 내용 … 마지막으로 연구 내용 …
  - 본 논문의 구성은 다음과 같다. 우선, 문법 복잡성 개념에 관한 이론적 논의를 살펴본다. 다음으로 문법 복잡성을 측정하기 위한 방법을 제시한 후, 실제 분석 결과에 대해 논의한다. 마지막으로 분석 결과에 대해 논의하고, 교육에의 활용 방안에 대해 제언하고자 한다.

  > **Tip!**
  > 1. '우선' 대신 '먼저'를 쓰기도 한다.
  > 2. '마지막으로' 대신 '끝으로'를 쓰기도 한다.

- 본고 는 다음의 순서로 논의를 진행한다. 1장에서는 연구 내용 … 2장에서는 연구 내용 … 3장에서는 연구 내용 …
  본고 는 다음의 순서로 논의를 진행하겠다.
  본고 는 다음의 순서로 논의를 진행하기로 한다.
  본고 는 다음의 순서로 논의를 진행하고자 한다.
  - 본고는 다음의 순서로 논의를 진행한다. 2장에서는 성인의 자기통제력과 사이버비행에 대한 선행 연구를 검토하고, 비행기회요인들을 살펴볼 것이다. 3장에서는 연구 대상과 설문지 구성 방법 및 내용을 살펴볼 것이다. 4장에서는 설문 조사 결과를 통해 성인들의 비행기회요인들과의 상호작용을 분석할 것이다. 마지막으로 5장 결론에서는 본 연구의 결과에 대해 논의하고 연구의 의의를 짚어보도록 하겠다.

  > **Tip!**
  > 1장에서 연구 목적과 필요성을 쓴 다음에 이어지는 장의 내용을 소개할 때에는 2장의 내용부터 쓰기도 한다.

- 본고 는 연구 내용 으로 구성되어 있다
  - 본 연구는 제도화 이론 등에 관한 선행 연구들의 검토를 통한 가설 설정, 실증 분석을 위한 연구 설계, 분석 결과 및 그에 대한 논의 및 결론으로 구성되어 있다.

2장 본론 쓰기

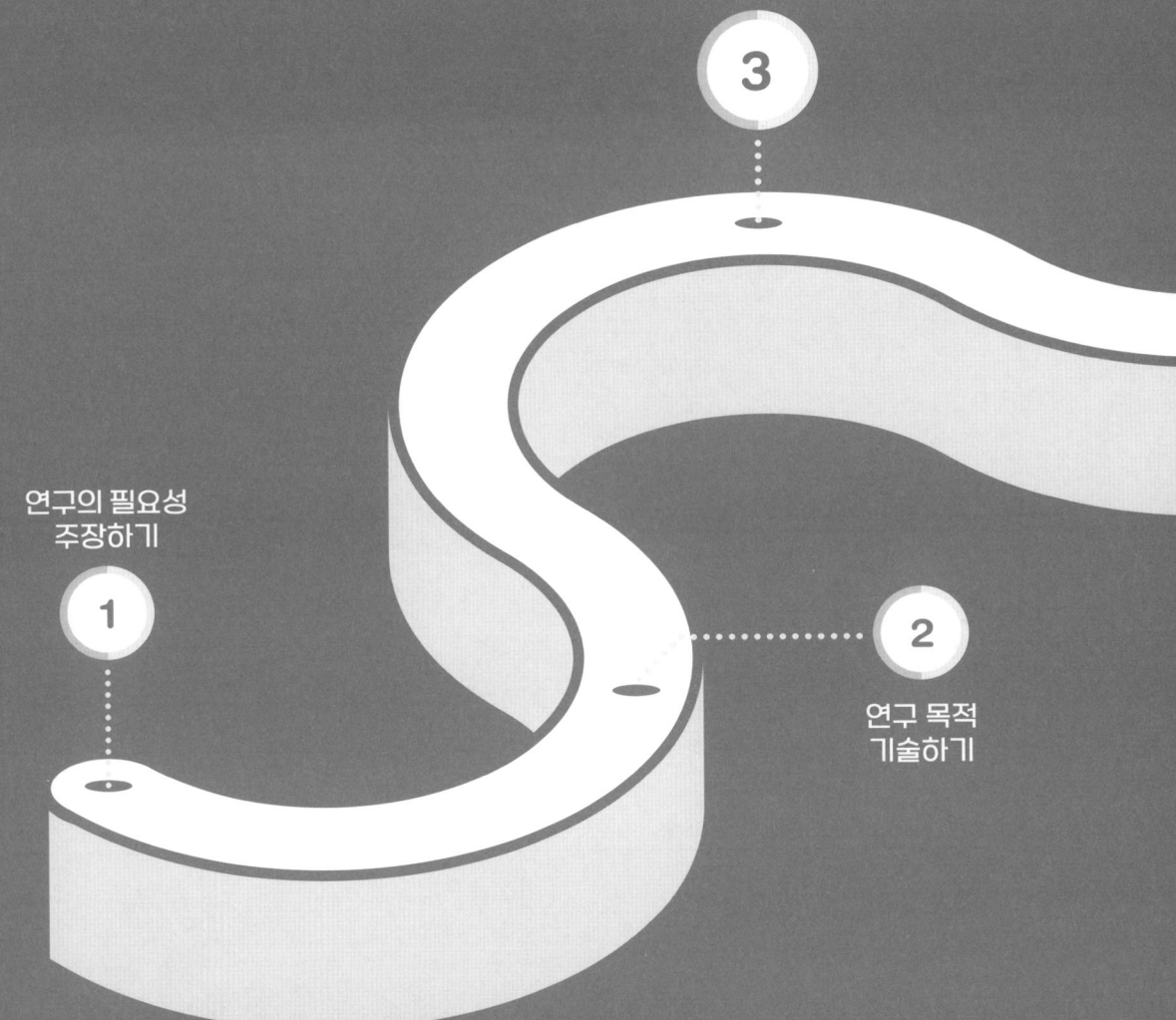

1. 연구의 필요성 주장하기
2. 연구 목적 기술하기
3. 이론적 배경 및 선행 연구 검토하기

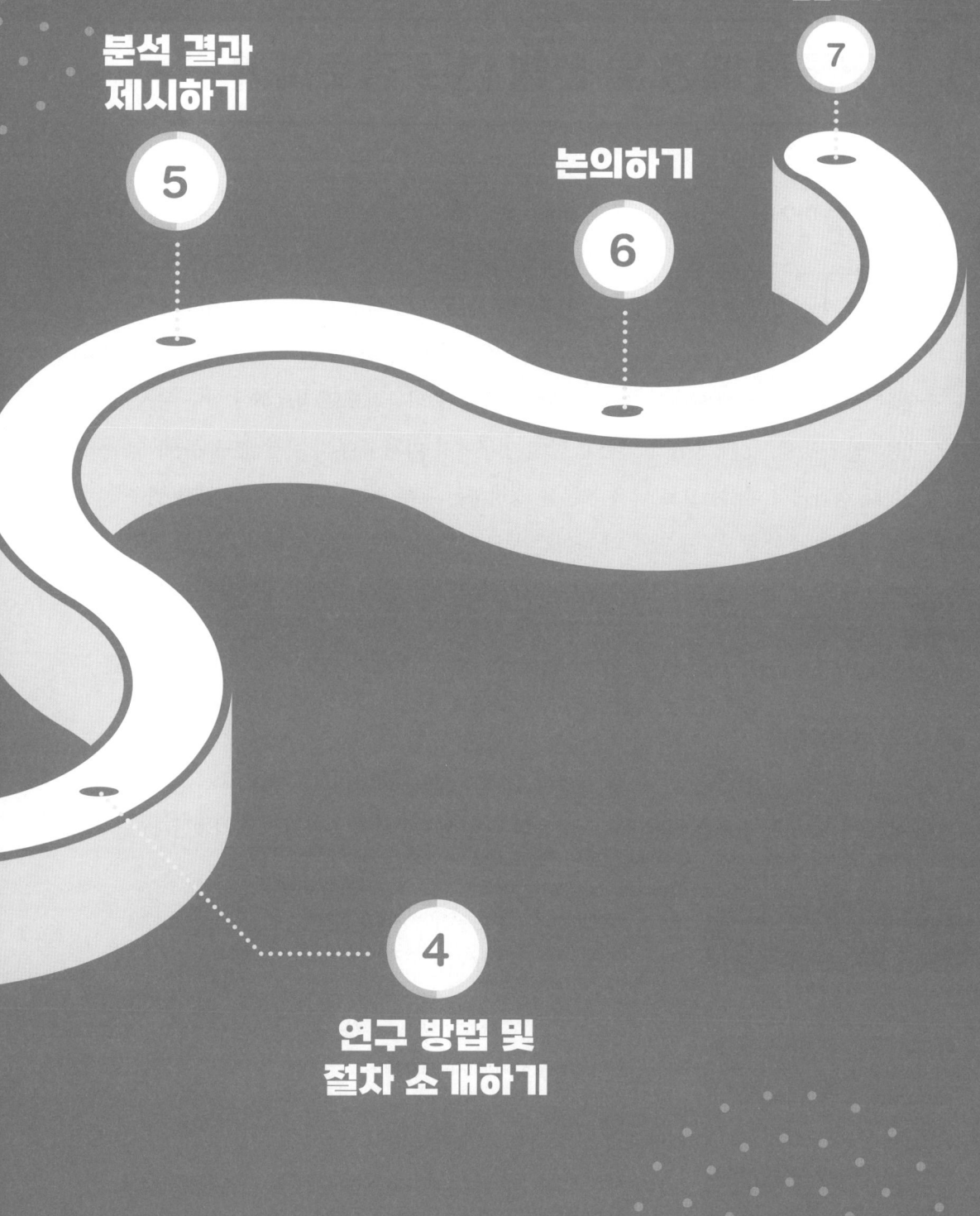

3 이론적 배경 및 선행 연구 검토하기

✏️ 무엇을 쓸까?

　이론적 배경과 선행 연구는 연구의 기반이 되므로 논문에서 매우 중요한 영역이다. 이론적 배경은 연구와 관련된 이론을 고찰한 후 정리하여 연구에서 취하고자 하는 이론적 입장을 제시하는 부분이다. 선행 연구는 앞서 수행한 연구들을 비판적으로 검토하여 연구 목적, 연구 내용, 연구 방법, 성과 등을 요약하고 앞선 연구에서 미처 다루지 못한 연구 주제, 연구 방법이나 성과에서 아쉬움으로 남은 부분을 정리하는 부분이다. 이를 토대로 앞선 연구에서 미처 다루지 못한 주제, 한 단계 더 나아간 새로운 연구 방법론 등을 찾아 자신의 연구를 설계하고 연구의 방향을 구체화하게 된다. 이러한 과정을 통해 연구의 타당성을 확보할 수 있게 된다.

✏️ 어떻게 쓸까?

　이론적 배경 및 선행 연구는 일반적으로 다음의 내용을 포함하여 순차적으로 기술한다.

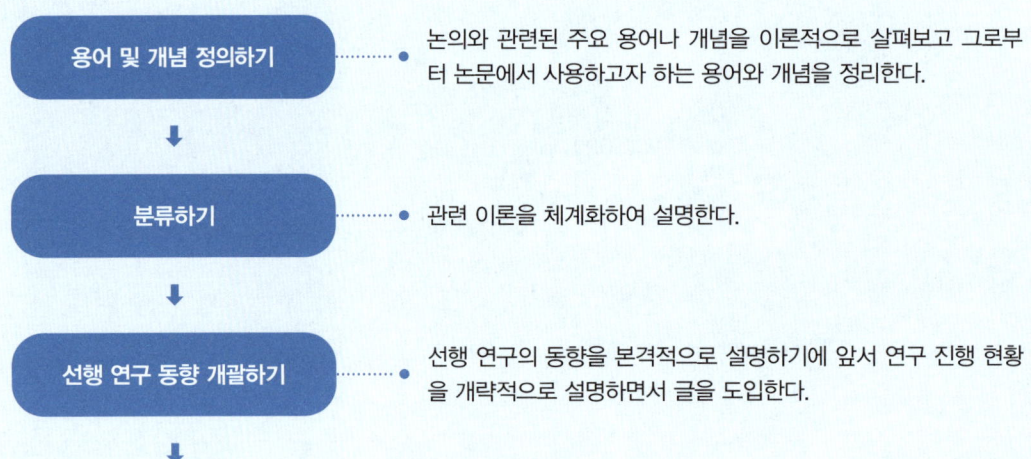

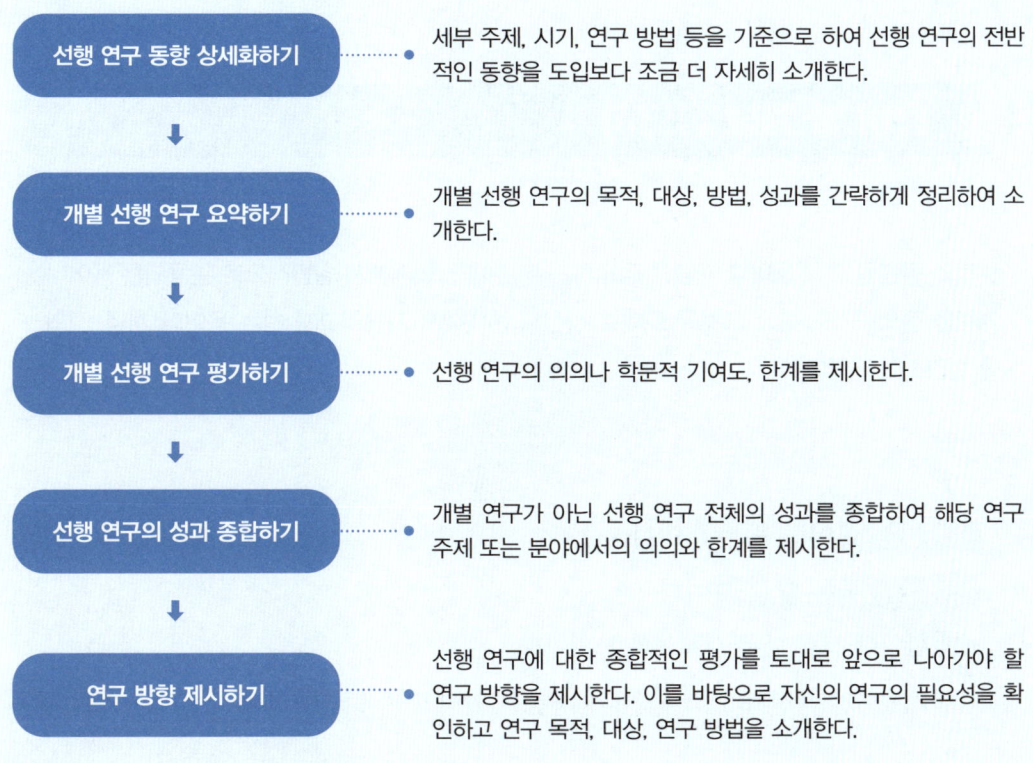

✎ 어떤 표현을 쓸까?

- 이미 이루어진 연구의 내용을 요약, 정리하여 제시하는 것이기 때문에 '-었다'의 형태로 문장을 끝맺는 것이 일반적이다.
- 관련 연구의 동향을 나타낼 때에는 '-어 왔다', '-고 있다'와 같은 표현을 주로 쓴다.
- 선행 연구의 의의나 한계를 평가할 때에는 '-는다', '의의가 있다', '한계가 있다'와 같이 현재 표현을 사용한다.

11 용어 및 개념 정의하기

논의와 관련된 주요 용어나 개념을 정의하는 부분이다. 학계에서 일반적으로 통용되는 용어나 개념을 정의하기도 하고 그것을 토대로 자신의 논의에서 사용하고자 하는 용어나 개념, 정의를 설명하기도 한다.

- 용어나 개념 이란 정의 이다
  용어나 개념 는 정의 이다
  - 집합이란 서로 다른 개체들의 모임이다.
  - 마케팅이란 생산자가 소비자에게 제품을 알리고 판매하기 위해 수행하는 기획 활동이다.

- 용어나 개념 란 정의 를 뜻한다
  - 학술 활동이란 습득해야 할 지식을 공유하기 위해 발표하거나 글로 쓰는 활동을 뜻한다.
  - 선택적 노출이란 특정 집단의 사람들이 선호하는 매체를 통해서만 정보를 습득하려는 경향이 있다는 것을 말한다.
  - 말뭉치(corpus)란 연구를 위해 대규모의 언어 자료를 모아 전산화한 자료를 의미한다.
  - 마음이론(Theory of Mind, ToM)이란 자신과 타인의 마음 상태를 이해하는 능력을 가리킨다.

  > **Tip!**
  > '뜻한다' 대신 '말한다', '의미한다', '가리킨다'를 쓰기도 한다.

- 용어나 개념 란 정의 라고 정의할 수 있다
  용어나 개념 란 정의 으로 정의할 수 있다
  - 치매란 기억력, 사고력, 이해력, 언어 및 판단력 등을 포함하는 고도의 뇌 기능에 문제가 생기는 장애라고 정의할 수 있다.
  - 조직이란 둘 이상의 사람이 공동의 목적을 달성하기 위해 맺고 있는 사회적 관계로 정의할 수 있다.

- 넓은/좁은 의미에서(는)
  - 넓은 의미에서 문법은 언어 사용에 관한 모든 규칙을 말한다. 이와 달리 좁은 의미에서 문법은 문장을 생성하는 규칙에 관한 것을 가리킨다.
  - 모바일 게임이란 좁은 의미에서는 휴대전화로 이용하는 게임만 말하며, 넓은 의미에서는 모바일 기기로 이용하는 모든 게임을 말한다.

  > **Tip!**
  > 용어나 개념을 정의할 때 넓은 의미와 좁은 의미로 구분해서 정의를 하기도 한다. 이런 경우 넓은 의미와 좁은 의미를 비교하여 설명하는 것이 일반적이다.

- 용어나 개념 라고 부른다
  용어나 개념 라고 부를 수 있다
  - 갑작스러운 청각 혹은 시각 자극에 의해 눈을 깜빡이는 것을 '안검 반사'라고 부른다.
  - 공익을 목적으로 하는 비영리 단체를 달리 '자원 단체'라고 부를 수 있다.
  - 이 논문은 이처럼 지역 문화 정체성이 전환되는 과정을 '혼성화'라고 부른다.

  > **Tip!**
  > 이 표현은 용어나 개념을 정의할 때에도 사용하지만 앞에서 설명한 용어나 개념을 가리키는 다른 명칭을 제시할 때 사용하기도 한다. 또한 '이 논문에서는/이 연구에서는 ~라고 부른다'와 같이 다양한 용어 중 자신의 논의에서 사용하고자 하는 용어를 정하여 밝힐 때에도 사용한다.

12 분류하기

앞서 이루어진 연구나 이론을 일정한 기준에 따라 구분하여 설명하는 부분이다. 일반적으로 대상을 분류한 다음에는 분류한 항목을 순서대로 설명한다.

- 대상을 분류할 때에는 '나누다', '구분하다', '분류하다' 등의 단어를 쓴다.
- 분류하여 설명할 때에는 먼저 '두 가지', '세 가지'와 같이 가짓수를 제시하기도 하고, 그 대상을 직접 나열하기도 한다.
- 논의 대상이 광범위할 때에는 먼저 대범주로 분류를 한 다음 각각을 다시 분류하기도 한다. 이때에는 '(분류 대상)는 크게 두 가지로 나눌 수 있다'와 같이 '크게'라는 표현을 함께 쓰기도 한다.
- ' 분류 대상 는 분류 기준 에 따라 분류 내용 로 나눌 수 있다', ' 분류 대상 는 분류 기준 를 기준으로 분류 내용 로 나눌 수 있다'와 같이 분류 기준을 함께 제시하기도 한다.
- 분류한 항목을 순서대로 설명할 때에는 다음과 같은 표현을 쓴다.
    - 전자는(전자의 경우), 후자는(후자의 경우)
    - 먼저, 다음으로, 마지막으로
    - 우선, 다음으로, 그다음으로, 끝으로
    - 첫째, 둘째, 셋째, …

- 분류 대상 는 분류 내용 으로 나눌 수 있다

    분류 대상 는 분류 내용 으로 나뉜다

    분류 대상 는 분류 내용 으로 나누어 볼 수 있다
    - 철학 교육에 관한 연구자들의 견해는 크게 두 가지로 나눌 수 있다.
    - 의견 조사는 모집단 선정, 설문 작성, 조사, 분석의 네 단계로 나누어 볼 수 있다.

- 분류 대상 는 분류 내용 으로 구분할 수 있다

  분류 대상 는 분류 내용 으로 구분된다

  분류 대상 는 분류 내용 으로 구분해 볼 수 있다

  – 일반 소비자가 음원을 이용하는 방식은 단순한 사용과 구매로 구분해 볼 수 있다.

  – 쌀은 쌀알의 모양에 따라 인디카와 자포니카로 구분된다.

- ~에는 분류 내용 가 있다

  ~는 분류 내용 가 있다

  – 한국어에서 주어를 나타내는 대표적인 격표지에는 주격 조사 '이/가'와 '께서'가 있다.

  – 연구자가 수집한 데이터를 분석하는 방법은 여러 가지가 있다.

  > **Tip!**
  >
  > 가짓수가 많을 때에는 '여러 가지'와 같이 포괄적으로 표현하기도 한다. 또한 가짓수를 제시하는 대신 해당하는 대상을 나열하기도 한다.

Memo

13 선행 연구 동향 개괄하기

선행 연구의 동향을 설명하기에 앞서 연구 진행 현황을 개략적으로 설명하면서 글을 도입하는 부분이다. 과거부터 현재까지 연구가 진행되어 온 경과나 연구에 대한 학계의 관심 정도를 표현하기도 하고 논문 편 수를 구체적으로 제시하기도 한다.

- '그동안', '지난 10년간', '지금까지'와 같이 연구가 이루어진 기간을 함께 언급하기도 한다. 논문 편 수를 언급할 때에는 '현재'와 같이 시점을 언급할 수 있다.
- '연구/논의가 이루어지다', '연구/논의가 진행되다', '연구/논의가 있다'와 같은 표현을 쓴다.
- 연구 진행 경과나 관심 정도를 표현할 때에는 '활발하다', '폭넓다', '광범위하다', '꾸준하다', 연구 주제를 제시할 때, '다양하다', '상당하다', '많다' 등의 단어를 쓴다.
- '~에 대해서', '~에 대한' 대신 '~에 관해서', '~에 관한'으로 쓰기도 한다.

- `연구 주제` 에 대해서(는) 활발한 논의가 진행되어 왔다
  - 지금까지 현대의 도시 구조에 대해서는 활발한 논의가 진행되어 왔다.
  - 제2 언어 습득에 관해서는 그동안 다양한 논의가 있어 왔다.

- `연구 주제` 에 관해서(는) 다양한 논의가 있어 왔다
  - 지식 교육 기반의 학력 평가를 대체할 대안적 평가 방안에 관해서는 그동안 폭넓은 논의가 있어 왔다.
  - 선거 교육이 중요한 이유에 대해서는 상당히 많은 논의가 있어 왔다.

- `연구 주제` 에 관한 연구가 많이 이루어져 왔다
  - 국내에서도 부모의 양육 신념이 유아의 정서에 미치는 영향에 대한 연구가 많이 이루어져 왔다.
  - 그동안 제약 바이오 기업의 기술 혁신에 관한 논의는 광범위하게 진행되어 왔다.

- 연구 주제 에 대한 연구는 (약) ○○여 편에 달한다
  - 전통 시장의 환경 개선과 활성화 방안에 관한 연구는 약 250여 편에 달한다.
  - 현재 다국적 기업의 해외 시장 진출과 광고 전략에 관한 연구는 100여 편에 이른다.

  > **Tip!**
  > 1. '달한다' 대신 '이른다'로 쓰기도 한다.
  > 2. 선행 연구의 수는 지속적으로 변하기 때문에 '약 00여 편', '약 00편', '00여 편', '00편 정도' 과 같이 대략적인 수를 제시하는 것이 일반적이다.

- 연구 주제 에 대해서는 (총) ○○편 정도의 연구가 이루어졌다
  - 국내의 경우 커피 전문점 스타벅스의 경영 전략과 마케팅 전략에 대해서는 총 10편 정도의 연구가 이루어졌다.
  - 학문 분야에서 생성형 AI 활용에 관해서는 지금까지 약 1,000편 정도의 연구가 이루어졌다.

- 연구 주제 에 대한 연구는 (그다지) 많지 않은 편이다
  - 영상 자막의 표현 기법에 관한 연구는 많지 않은 편이다.
  - 간호사의 환자 안전 관리 활동에 영향을 미치는 요인에 관한 연구는 그다지 많지 않은 편이다.

  > **Tip!**
  > 관련 연구가 많지 않은 경우 그러한 현황을 언급하면서 선행 연구 동향을 개괄하기도 한다. '그다지 많지 않다' 대신 '거의 없다', '드물다', '부족하다'를 쓰기도 한다.

- 연구 주제 에 대해서 (그다지) 활발한 논의가 진행되지 못하였다
  연구 주제 에 대해서 (그다지) 활발한 논의가 진행되지 못하고 있다
  - 디지털 디톡스의 필요성에 대해서는 모두 공감하고 있으나 구체적인 방법에 대해서는 활발한 논의가 진행되지 못하였다.
  - 청소년의 마약 남용과 마약 범죄가 늘고 있음에도 불구하고 이를 예방하기 위한 교육 방안에 대해서는 구체적인 논의가 진행되지 못하고 있다.

14 선행 연구 동향 상세화하기

선행 연구의 전반적인 동향을 자세히 소개하는 부분이다. 연구가 많이 이루어진 세부 주제를 나열하기도 하고, 세부 주제, 시기, 연구 방법 등의 기준을 정하여 분류하기도 한다. 선행 연구가 많은 경우는 후자의 방식으로 분류한 후 그에 따라 차례대로 소개하는 것이 체계적으로 보인다.

- '[연구 주제]에 관한 연구는', '[연구 주제]에 대한 연구는', '[연구 주제] 분야에서는'과 같이 해당 연구를 언급하면서 글을 시작하는 경우가 많다.
- '-었다', '-어 왔다', '-어 오고 있다, '-고 있다'의 형태로 쓴다. '-어 오고 있다', '-고 있다'를 쓰면 해당 주제의 연구가 여전히 학계의 주목을 받고 있으며 의미있고 중요한 연구라는 느낌을 줄 수 있다.
- 연구 주제에 이미 '~에 관한', '~에 대한'이 포함되어 있는 경우는 '~에 관한', '~에 대한'을 중복해서 쓰지 않고 '[연구 주제] 연구'와 같이 쓴다.

- [연구 주제]에 관한 연구는 [세부 주제]를 중심으로 연구가 진행되었다
  [연구 주제]에 관한 연구는 [세부 주제]를 중심으로 연구가 진행되어 왔다
  [연구 주제]에 관한 연구는 [세부 주제]를 중심으로 연구가 진행되고 있다
  [연구 주제]에 관한 연구는 [세부 주제]를 중심으로 연구가 진행되어 오고 있다

  – 한류 콘텐츠에 관한 연구는 주로 드라마, 영화, 케이팝을 중심으로 진행되어 오고 있다.
  – 스마트 식품 포장을 위한 나노 기술에 대한 연구는 주로 그 효과를 중심으로 연구가 진행되었다.

 Tip!
'~에 관한 연구' 대신 '~에 대한 연구'를 쓰기도 한다.

- 〔연구 주제〕에 관한 연구는 〔세부 주제〕에 대한 논의가 가장 활발하게 이루어졌다

  〔연구 주제〕에 관한 연구는 〔세부 주제〕에 대한 논의가 가장 활발하게 이루어져 왔다

  〔연구 주제〕에 관한 연구는 〔세부 주제〕에 대한 논의가 가장 활발하게 이루어지고 있다

  〔연구 주제〕에 관한 연구는 〔세부 주제〕에 대한 논의가 가장 활발하게 이루어져 오고 있다
  - 2000년 이후의 외국어교육학에 관한 연구는 내용학에 대한 논의가 가장 활발하게 이루어졌다.
  - 최근 게임에 관한 연구는 교육용 게임에 대한 논의가 가장 활발하게 이루어져 오고 있다.

  > **Tip!**
  > 연구 주제 중 가장 연구가 많이 이루어진 세부 주제를 제시할 때 쓴다.

- 〔연구 주제〕에서는 〔세부 주제〕에 대한 논의가 꾸준히 진행되었다

  〔연구 주제〕에서는 〔세부 주제〕에 대한 논의가 꾸준히 진행되어 왔다

  〔연구 주제〕에서는 〔세부 주제〕에 대한 논의가 꾸준히 진행되고 있다

  〔연구 주제〕에서는 〔세부 주제〕에 대한 논의가 꾸준히 진행되어 오고 있다
  - 산업 분야에서는 인공지능 학습용 데이터 구축에 대한 논의가 광범위하게 진행되었다.
  - 영상 검색 분야에서는 내용 기반 영상 검색 장치와 방법에 대한 연구가 꾸준히 진행되어 왔다.

- 연구 주제 에 대한 연구는 분류 기준 에 따라 세부 주제 으로 나눌 수 있다
  연구 주제 에 대한 연구는 분류 기준 에 따라 세부 주제 으로 나뉜다
  연구 주제 에 대한 연구는 분류 기준 에 따라 세부 주제 으로 나누어 볼 수 있다
  - 한국어 교육과정에 대한 연구는 주제에 따라 교육과정 분석 연구, 교육과정 개발 및 교수요목 설계 연구, 교육과정 실행 및 평가 연구로 나누어 볼 수 있다.
  - 한류 콘텐츠 댓글에 관한 네티즌의 인식에 대한 연구는 조사 방법에 따라 자료 분석 연구, 설문 조사 연구, 인터뷰 연구로 구분할 수 있다.

  Tip!
  '나누다' 대신 '구분되다'를 쓰기도 한다.

- 연구 주제 에 관해서는 다음과 같은 연구가 이루어졌다
  연구 주제 에 관해서는 다음과 같이 몇 가지 연구가 이루어졌다
  - 한국 웹툰의 특징에 관해서는 다음과 같은 연구가 이루어졌다.
  - 지금까지 윤동주의 시에 관해서는 다음과 같이 몇 가지 연구가 이루어져 왔다.

- 연구 주제 에 대한 연구는 연구1, 연구2, 연구3, … 등이 있다
  연구 주제 에 대한 연구로는 연구1, 연구2, 연구3, … 등을 들 수 있다
  - 인공지능을 활용한 문학 작품 창작에 대한 연구는 오태호(2023), 김민지(2023), 김지혜(2023) 등이 있다.
  - 성격 유형과 학업 성취도의 관계에 대한 연구로는 김봉정(2003), 임국(2004), 김정미(2010), 이순주(2013) 등을 들 수 있다.

15 개별 선행 연구 요약하기

개별 선행 연구의 성과를 소개하는 부분이다. 각 연구의 목적, 연구 대상, 연구 방법, 연구 성과를 간단히 요약하여 제시하는 것이 일반적이다. 연구 목적이나 대상이 유사한 경우 연구 방법이나 연구 성과에 초점을 맞추어 기술하기도 한다.

- 연구 결과는 '-음을 밝히다', '-는 것을 밝히다' '-다는 것을 밝히다'의 형태로 쓴다.
- '밝히다' 대신 '발견하다', '확인하다', '규명하다', '입증하다', '검증하다' 등의 동사를 쓰기도 한다.
- 연구 결과가 여전히 의미가 있고 중요함을 강조하고 싶을 때 '밝히고 있다'와 같이 '-고 있다'의 형태로 쓴다. 자신의 연구와 깊은 관련이 있는 연구일 때 쓰면 좋다.

- 「선행 연구」에서는 「연구 대상」를 대상으로 「연구 목적 또는 내용」고자 하였다
    - 홍지원(2024)에서는 초임 교사들을 대상으로 수업 불안에 대해 조사하고 그러한 불안한 통제하고 해소할 수 있는 방안을 모색하고자 하였다.
    - 이 연구에서는 전공 분야별 학생을 대상으로 전공 선택 이유와 전공 만족도, 진로 계획 등을 조사하고자 하였다.

> **Tip!**
> 1. '(선행 연구)에서는' 대신 '(선행 연구)는'을 쓰기도 한다.
> 2. 앞에서 'OOO(2024)'와 같이 선행 연구를 언급하였을 경우에는 그것을 반복하여 쓰지 않고 '이 연구'와 같은 표현을 쓰는 것이 좋다.

- 그 결과 (선행 연구 에서는) 연구 결과 를 밝혔다
  - 그 결과 이 연구에서는 작가의 경험과 관념이 그가 창작한 작품을 해석하는 데에 어느 정도 영향력을 미침을 밝혔다.
  - 연구 결과 허리둘레와 키의 비율, 체질량 지수의 상관관계가 통계적으로 유의한 것으로 나타나, 허리둘레와 키의 비율이 비만을 측정하는 실용적인 수치가 될 수 있음을 밝혔다.

    > **Tip!**
    > '그 결과' 대신 '연구 결과'를 쓰기도 한다. 생략하는 경우도 많다.

- 선행 연구 에서는 연구 결과 를 지적하였다
  - 이 연구에서는 조사 결과를 토대로 대학 교양 수업으로 이루어지는 글쓰기 교육의 문제점을 지적하였다.
  - 이 연구에서는 특히 기존 연구에서 제시하지 못했던 항만의 환경 관리를 위한 자가 진단 방법을 소개하고 시뮬레이션을 해 봄으로써 적용 가능성을 보이고 그 유용성을 주장하였다.

    > **Tip!**
    > 선행 연구의 내용과 결과에 따라 '지적하였다' 대신 '제안하였다', '제시하였다', '강조하였다', '주장하였다'를 쓰기도 한다.

16 개별 선행 연구 평가하기

선행 연구의 내용을 소개한 후 그 연구의 의의나 한계를 제시하는 부분이다. 일반적으로 개별 연구의 소개가 마무리되는 부분이므로 간단히 제시한다. 연구의 의의나 기여도 등의 긍정적인 평가를 먼저 한 후에 연구의 한계나 아쉬움에 대해 언급한다.

- 의의와 한계를 각각의 문장으로 쓸 때에는, 의의를 먼저 제시한 후 한계를 제시할 때 '그러나', '하지만', '그럼에도 불구하고'와 같은 표현으로 문장을 시작한다.
- 의의와 한계를 하나의 문장에 쓸 때에는 '(의의)다는 점에서 의의가 있으나 (부족한 점)다는 한계가 있다', '(의의)다는 점에서 의의가 있음에도 불구하고 (부족한 점)다는 한계가 있다'와 같은 형태로 쓴다.
- (선행 연구)의 자리에 'OOO(2024)는', 'OOO(2024)의 연구는', '이 연구는', '그의 연구는' 등을 쓴다.

- [선행 연구] 는 [평가] 다는 점에서 (그) 의의가 있다
  – 이 연구는 기존의 연구가 가상의 독자를 대상으로 하였던 것과 달리 실제 독자를 대상으로 하였다는 점에서 의의가 있다.
  – 이 연구는 교수 현장에서 곧바로 적용 가능한 실제적인 교수 모형을 제시한다는 점에서 그 의의가 있다.

- [선행 연구] 는 [평가] 다는 점에서 의의를 가진다
  – 그의 연구는 청소년을 대상으로 한 상담의 성과 요인을 밝혔다는 점에서 의의를 가진다.
  – 이 연구는 기존의 설문 조사 연구가 파악하지 못하였던 MBTI에 대한 사회적 인식을 빅데이터 분석을 통해 살펴보았다는 점에서 의의를 가진다.

> **Tip!**
> '갖는다' 대신 '가진다', '지닌다'를 쓰기도 한다.

- `선행 연구` 는 `평가` 다는 점에서 의의를 찾을 수 있다
  - 김정현(2024)는 직장인을 대상으로 한 자기 성장 교육 프로그램에 신경 언어 프로그래밍(NLP)을 적용한 실험 연구라는 점에서 의의를 찾을 수 있다.
  - 이 연구는 교원 재교육의 중요성과 함께 정체성에 대한 논의의 장을 마련하였다는 점에서 의의를 찾을 수 있다.

- `선행 연구` 는 `의의` 다는 점에서 의미가 크다
  `선행 연구` 는 `의의` 다는 점에서 의미가 크다고 하겠다
  - 유소영(2019)의 연구는 대규모의 양적 연구를 통해 청소년의 게임 중독이 정서 발달에 미치는 영향에 대하여 알아보았다는 점에서 의미가 크다.
  - 그의 연구는 노인 상담의 성과와 관련 요인을 밝힘으로써 노인 상담에 관한 이론적 토대를 마련하기 위한 기초 자료를 제공하였다는 점에서 의미가 크다고 하겠다.

- `선행 연구` 는 `의의` 음을 시사한다
  `선행 연구` 는 `의의` 다는 것을 시사한다
  `선행 연구` 의 연구 결과는 `시사점` 음을 시사한다
  `선행 연구` 의 연구 결과는 `시사점` 다는 것을 시사한다
  - 이 연구는 설문 조사지의 선택지 순서가 응답자들의 응답 방식에 미치는 영향을 인지심리학적 접근법에 따라 연구함으로써 설문지 제작 시 이러한 영향을 최소화하기 위한 방안이 고려되어야 함을 시사한다.
  - 그의 연구 결과는 연구 개발비와 관련한 현행 기업 회계 기준 개정이 필요하다는 것을 시사한다.

> **Tip!**
> 1. 앞의 내용이 연구 성과인 경우가 많으며, 이 경우 '(선행 연구)는' 대신 '이는', '이러한 결과는'과 같은 표현을 쓰기도 한다.
> 2. '시사하다' 대신 '의미하다', '뜻하다', '보여 주다'로 바꾸어 쓸 수 있다.
> 3. 연구의 시사점이나 의의는 필자의 견해이므로 '~을 시사한다고 볼 수 있다'와 같은 표현을 써서 완곡하게 표현하는 경우가 많다.

- 선행 연구 는 분야 에 시사하는 바가 크다
  - 이러한 연구 결과는 학교 교육에서 바람직한 교사의 역할과 이를 위한 교사 교육의 방향에 시사하는 바가 크다.
  - 지적 장애인도 일정 수준 이상의 사회성을 갖추고 있으면 장애에 대해 탈낙인화할 수 있다는 Doll(1936)의 주장은 지적 장애 아동 교육의 필요성에 시사하는 바가 크다.

- 선행 연구 는 부족한 점 다는 한계가 있다
  - 이러한 연구 가치에도 불구하고 그의 연구는 유튜버의 특성을 연예인과 유사한 관점에서 규정하고 관련 요인을 찾음으로써 논의의 범위가 제한적이라는 한계가 있다.
  - 이 연구는 피실험자가 특정 교육 기관에서 속한 교사에 치중되어 있어서 기관의 특성에 따라 달라질 수 있는 교수·학습 활동의 특성을 고려하지 못하였다는 한계가 있다.

> **Tip!**
> '한계' 대신 '제한점', '아쉬움'을 쓰기도 한다. 이 중 '아쉬움'은 필자의 주관적인 감정이라는 느낌이 있어 '한계'보다 부드럽게 느껴질 수 있다.

- **선행 연구** 는 **부족한 점** 다는 한계를 지닌다

  선행 연구 는 **부족한 점** 다는 한계를 가지고 있다
  - 그러나 이 연구는 이론적인 논의에 치중해 실제적인 논의에 이르지 못하고 있다는 한계를 지닌다.
  - 이러한 시사점에도 불구하고 이 연구는 학습자와의 심층 인터뷰를 주요한 연구 방법으로 채택함으로써 오로지 학습자의 주관적 판단에 근거하여 자료를 수집하였다는 한계를 가지고 있다.

- **선행 연구** 는 **부족한 점** 다는 점이 아쉽다
  - 그의 연구는 문헌 분석을 하는 데만 그쳐 공연 문화와 관련한 트렌드 전반을 살피지 못하였다는 점이 아쉽다.
  - 이 연구는 소비자의 상품 구매 경험에 관한 연구의 지평을 넓혔다는 점에서 의의가 있으나 피험자들의 상품 구매 경험이 다양한데도 불구하고 실험의 제약으로 인해 구체적으로 상황을 제시하지 못한 점이 아쉬움으로 남는다.

    Q Tip!
    '아쉽다' 대신 '아쉬움으로 남는다'를 쓰기도 한다.

17 선행 연구의 성과 종합하기

선행 연구에 대한 평가를 토대로 자신이 하고자 하는 연구의 필요성을 확인하고 연구 목적, 대상, 연구 방법을 이끌어 내는 부분이다. 특정 연구가 아닌 선행 연구 전체의 성과를 종합하여 해당 연구 주제 또는 분야에서의 의의와 한계, 앞으로 나아가야 할 방향을 제시한다. 선행 연구의 부족한 점을 보완하기 위하여 자신의 연구가 필요함을 주장하고 연구의 타당성을 확보하는 중요한 부분이다.

- '이상의 연구들은', '지금까지 살펴본 연구들은'과 같이 앞에서 살펴본 선행 연구 전체를 지칭하는 표현으로 문장을 시작한다.
- 문장을 종결하는 부분은 '개별 선행 연구 평가하기'에서와 비슷한 표현을 쓴다.

- **이상의 연구들은**
  지금까지의 연구들은
  - 이상의 연구들은 표현 활동을 연구함에 있어 다양한 대상과 주제를 다루었지만 방법은 다소 제한적이었던 것으로 보인다.
  - 지금까지의 연구들은 K-Pop을 한류와 한국 문화의 한 부분으로 간주하는 논의들이 많았다.

- **지금까지 살펴본 연구들은**
  지금까지 이루어진 연구들은
  - 지금까지 살펴본 연구들은 평생교육이 경쟁력을 가지기 위한 중요한 수단임을 인식하고 있음에도 불구하고 교육 방법과 전략에 대한 논의가 충분치 않았다.
  - 지금까지 이루어진 연구들은 선행 연구들의 문제점을 지적하면서 종결어미의 의미 기능을 밝히려고 하였지만 여전히 그 근거가 명확하다는 한계가 있다.

- 이상의 연구를 종합해 보면
  - 이상의 연구들을 종합해 보면 이동 과학 교실에 대한 프로그램의 효과를 검증한 연구는 거의 없었다.
  - 이상의 연구를 종합해 보면 대조언어학적 관점에서 중국어권 학습자들이 습득하기 어려워 하는 발음 항목을 목록화하는 데에 그쳤을 뿐 구체적인 교수 방안을 제시하지는 못하고 있다.

- 지금까지 이루어진 연구의 성과를 살펴보면
  선행 연구의 성과를 살펴보면
  기존의 연구 성과를 살펴보면
  - 지금까지 이루어진 연구의 성과를 살펴보면 크게 세 가지 측면에서 연구가 이루어져 왔다.
  - 기존의 연구 성과를 살펴보면 이주 노동자의 언어 습득에 관해 축적된 연구 성과가 그리 많지 않음을 알 수 있다.

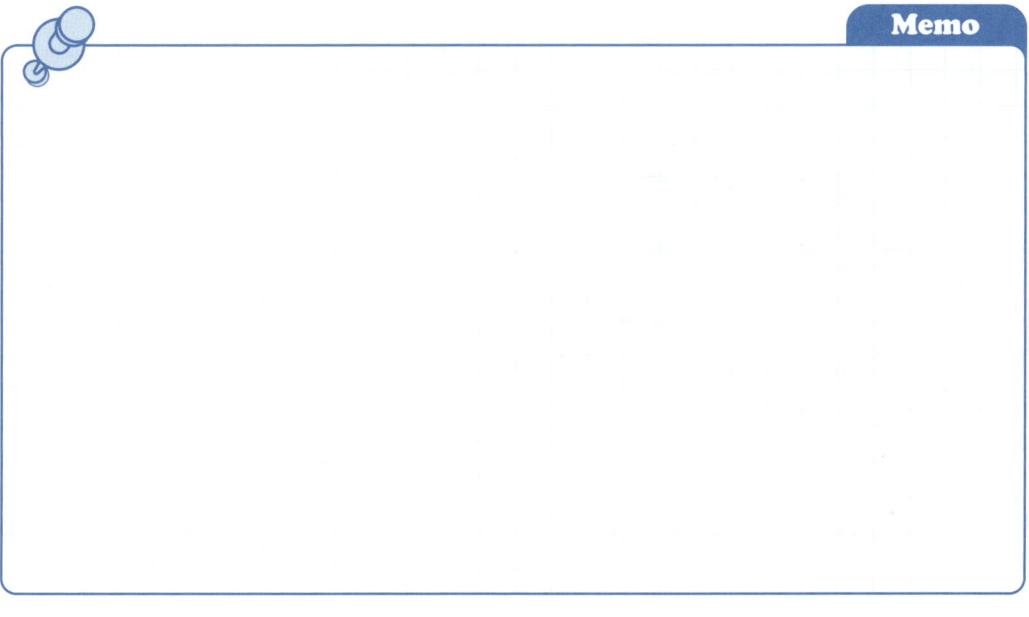

18 연구 방향 제시하기

선행 연구에 대한 평가를 토대로 자신이 하고자 하는 연구의 필요성을 확인하고 연구 목적, 대상, 연구 방법을 제시하는 부분이다. 이를 통해 연구의 타당성을 확보할 수 있게 된다.

- '이에', '이에 따라(서)', '따라서'를 사용하여 자신이 하고자 하는 연구의 주제, 대상, 방법 등이 선행 연구 검토 결과에 따라 도출된 것임을 나타낸다.

- 연구 주제 에 관한 연구가 필요하다
  - 대중가요를 실제 교수 현장에서 적용하기 위해서는 보다 구체적이고 실질적인 교수 활동과 교수 모형에 관한 면밀한 연구가 필요하다.
  - 지금까지의 논의를 더 확대하기 위해서는 특정한 환경에서 연령대별 사용자들의 미디어 소비 패턴과 그 사회적 영향에 관한 연구가 필요하다.

  > **Tip!**
  > 연구 앞에 '면밀한', '상세한', '구체적인'과 같은 표현을 함께 쓰기도 한다.

- 이에 본고 에서는 연구 계획 고자 한다
  이에 본고 에서는 연구 계획 을 것이다
  이에 본고 에서는 연구 계획 으려고 한다
  이에 본고 에서는 연구 계획 도록 하겠다
  - 이에 본 연구에서는 집단 놀이 치료 프로그램이 아동의 우울증 감소에 미치는 영향을 살펴보고자 한다.
  - 이에 따라 본 연구에서는 현 여론 조사 방식의 문제를 진단하고 이를 개선하기 위한 새로운 조사 방안을 제시하도록 하겠다.

Tip!

'이에' 대신 '따라서', '이에 따라(서)'를 쓰기도 한다.

Memo

4 연구 방법 및 절차 소개하기

✏️ 무엇을 쓸까?

무엇을 대상으로 연구하는지와 어떻게 연구를 수행할 것인지를 기술하는 부분이다. 연구 대상과 연구에서 다룰 범위를 한정하고, 연구 목적을 달성하기 위해 가장 적합한 연구 방법과 구체적인 절차를 소개한다.

✏️ 어떻게 쓸까?

연구 대상과 방법 및 절차는 일반적으로 다음의 내용을 포함하여 순차적으로 기술한다.

연구 대상 및 범위 한정하기 ……● 무엇을 대상으로 연구하였는지를 소개하고, 연구 대상 중 무엇을 포함하고 제외하였는지 연구의 범위를 제시한다.

↓

연구 방법 제시하기 ……● 연구를 어떻게 수행하였는지 방법을 설명한다. 자료 분석, 설문 조사, 실험 연구 등 연구 방법에 따라 어떠한 방법으로 자료를 수집하고 분석하였는지를 소개한다.

↓

연구 절차 제시하기 ……● 연구가 어떠한 단계로 진행되었는지를 제시한다. 각 단계를 순서대로 설명하여 연구 절차를 보인다.

✏️ 어떤 표현을 쓸까?

- 연구 대상과 연구 방법은 '-었다'와 같이 완료 표현을 사용하여 문장을 끝맺는 것이 일반적이다.
- 필자의 의도에 따라 '-는다'와 같이 현재 표현을 사용하기도 한다.

Memo

19 연구 대상 및 범위 한정하기

연구 대상을 소개하거나 연구의 범위를 제시하는 부분이다. 실험 연구에서는 피험자가 연구 대상이 되며, 조사 연구에서는 조사 대상, 자료 기반 연구에서는 분석 자료가 연구의 대상이 된다. 연구 대상에서는 무엇을 포함하고 제외하는지를 쓸 수 있다.

- 연구 대상을 나타낼 때에는 '연구 대상', '연구 자료', '분석 대상', '분석 자료' 등의 표현을 주로 쓴다.
- '~를 연구 대상으로 한다', '~를 연구 대상으로 삼는다'와 같은 표현을 주로 쓴다.

- 본고 는 연구 대상 를 연구 대상으로 한다

  본고 는 연구 대상 를 연구 대상으로 하였다

  - 선행 연구 동향 분석을 위해 2000년 이후부터 발표된 생태 관련 연구 141편을 연구 대상으로 한다.
  - 본고는 우울증 약을 복용해 본 경험이 있는 150명의 환자를 연구 대상으로 하였다.

- 본고 는 연구 대상 를 연구 대상으로 삼는다

  본고 는 연구 대상 를 연구 대상으로 삼았다

  - 이 연구는 한국어 주어에 나타나는 격표지를 연구 대상으로 삼는다.
  - 본고는 홈 뷰티 디바이스 사례 연구를 조사하기 위해 최근 5년 이내 국내 기업에서 출시한 LED 마스크 브랜드 중에서 소비자 선호도가 높은 3개 브랜드 제품을 연구 대상으로 삼았다.

  > **Tip!**
  > 연구 대상이 자료일 때에는 '분석 대상'으로 쓸 수 있다.

- 본고 는 연구 대상 를 연구 대상으로 (하여)
  - 본 연구는 최근에 항말라리아에 효과가 있다고 알려져 있는 야생 쑥을 연구 대상으로 하여 그 성분을 분석하고자 한다.
  - 공학 전공 학생들의 글쓰기 수업 만족도를 조사하기 위하여 공학 전공자 대학생을 대상으로 글쓰기 수업에 대한 만족도를 측정하였다.

  > **Tip!**
  > 1. '연구 대상' 대신 '분석 대상'을 쓰기도 한다.
  > 2. 연구 대상이 사람일 때에는 '연구 대상자'로, 자료일 때에는 '연구 자료'로 쓸 수 있다.
  > 3. 뒤에는 '연구를 실시하였다', '연구를 진행하였다', '조사하였다' 와 같은 표현이 자주 쓰인다.

- 본고 는 연구 대상 를 연구 대상으로 삼아
  - 본 연구는 《논어》를 연구 대상으로 삼아 정량적인 방법으로 텍스트를 분석하고자 한다.
  - 이 연구는 조선일보, 동아일보, 경향일보, 한겨레 등 국내 4개 주요 언론에서 보도된 코로나 19 관련 보도를 연구 대상으로 삼아 텍스트 마이닝 분석을 실시하였다.

- 본고 의 연구 대상은 연구 대상 이다
  본고 에서의 연구 대상은 연구 대상 이다
  - 본고의 연구 대상은 중학교 영어 교과서에서 나타난 헤지 표현이다.
  - 이 연구의 분석 대상은 2000년 이후에 발간된 국내 프랑스어 교재 20종이다.

- 본고 에서는 연구 대상 를 중심으로 (하여)
  - 여기에서는 1980년 이후의 도시 개발 정책을 중심으로 살펴보겠다.
  - 본 연구에서는 사극 장르의 변화를 살펴보기 위하여 드라마 〈태조 왕건〉과 〈주몽〉을 중심으로 하여 그 변화상을 고찰해 보고자 한다.

> **Tip!**
> '~를 중심으로' 뒤에는 '살펴보다', '분석하다', '고찰하다'와 같은 단어가 자주 쓰인다.

- 본고 (에서)는 연구 대상 및 범위 으로 한정하여
  - 본 연구에서는 사무기기 공급업체로 한정하여 설문 조사를 실시하였다.
  - 본고는 방정환이 남긴 여러 작품들 가운데 안데르센 동화 등을 번안한 세계명작동화집 『사랑의 선물』을 대상으로 한정하여 분석하고자 한다.

> **Tip!**
> 1. '~으로 한정하여' 뒤에는 '분석하다', '논의하다'와 같은 단어가 자주 쓰인다.
> 2. '한정하여' 대신 '국한하여'를 쓰기도 한다.

- 본고 에서의 논의는 연구 대상 및 범위 에 한정된다
  본고 에서의 논의는 연구 대상 및 범위 에 한정하고자 한다
  - 이 글에서의 논의는 2016년에 개편된 서민금융생활지원법에 한정하고자 한다.
  - 본고에서 검토의 대상이 되는 자료는 2000년 이후 신어 목록에 한정된다.

> **Tip!**
> '본고의 논의'의 자리에는 '검토의 대상이 되는 자료'와 같이 범위를 한정하고자 하는 대상을 쓰기도 한다.

- 제외 대상 는 연구 대상에서 제외하였다
  제외 대상 는 제외하고자 한다
  - 타당성 있는 분석 결과를 도출하기 위해 평균 비례 수치를 넘어선 자료는 연구 대상에서 제외하였다.

- 본 연구에서는 영어권 학습자를 분석 대상으로 하되, 언어 습득 환경이 다른 교포 학습자는 연구 대상에서 제외하였다. 서로 다른 언어 습득 환경이 연구 결과에 영향을 미칠 수 있기 때문이다.

Tip!

제외 대상을 제시한 후에는 일반적으로 제외한 이유를 설명한다.

Memo

20 연구 방법 제시하기(1): 자료 분석 연구

연구를 어떻게 수행할 것인지 방법을 설명하는 부분이다. 연구 방법에서는 자료 수집 방법과 분석 기준, 분석 방법 및 절차, 분석 도구를 소개한다.

- 어떠한 자료를 어떻게 수집하였는지, 수집된 자료를 어떠한 분석 도구(예: 통계 프로그램)를 사용했는지, 구체적인 분석 방법(예: t-test 등)이 무엇인지를 쓴다.
- 연구 방법에서는 '분석하였다'와 같이 과거 형태로 쓴다.
- 주로 '(연구 목적)-기 위하여 ~를 분석하다/조사하다/이용하다/실시하다/수집하다/제시하다/검토하다/정리하다'와 같은 표현을 쓴다.
- 특정 연구 도구를 사용할 때에는 '사용하다', '이용하다', '활용하다' 등의 단어를 주로 쓴다.

- [자료 수집 방법]를 통해 자료를 수집하였다

  자료는 [자료 수집 방법]를 통해 수집하였다

  – 온라인 설문 조사를 통해 자료를 수집하였다.
  – 논의에 필요한 자료는 부산에 위치한 5개의 고등학교를 방문하여 학생들을 대상으로 한 관찰조사와 설문 조사를 통해 수집하였다.

  > **Tip!**
  > '자료' 대신 '데이터'를 쓰기도 한다.

- [자료 수집 방법]으로 자료를 수집하였다

  자료는 [자료 수집 방법]으로 수집하였다

  – 표본의 추출은 편의추출법으로 워크숍에 참여한 임직원을 대상으로 설문 조사를 하여 자료를 수집하였다.
  – 분석 자료는 체계적 표집 방법으로 수집하였다.

- 자료 수집 방법 를 사용하여 자료를 수집하였다
  - 노후 생활에 있어서 종교의 역할에 대한 질적 탐구를 위하여 심층면접법을 사용하여 자료를 수집하였다.
  - 간호학과를 졸업한 후 대학병원에 입사한 신규간호사 100명을 대상으로 설문지를 이용하여 자료를 수집하였다.

  > **Tip!**
  > '사용하여' 대신 '이용하여'를 쓰기도 한다.

- 연구 방법 를 통해 분석/연구 내용 를 조사하였다
  - 본고에서는 심층인터뷰를 통해 부모의 양육 태도를 조사하였다.
  - 본 연구는 문헌조사를 통해 창조경영에 관한 정의와 실제 사례들을 살펴보았다.

  > **Tip!**
  > 연구 방법 뒤에 연구 내용이나 목적을 제시한다. '조사하다' 대신 '고찰하다', '살펴보다'를 쓰기도 한다.

- (연구 목적 를 위하여) 연구 방법 를 사용하여
  (연구 목적 를 위하여) 연구 방법 를 사용하였다
  - 본 연구는 근거이론에 입각한 질적 연구 방법을 사용하여 청소년기 자아탄력성에 대해 탐구해 보고자 하였다.
  - 아동 언어의 발달 과정을 살펴보기 위하여 1년 6개월간 대상 아동들의 언어 사용을 추적하는 종단적 연구 방법을 사용하였다.

  > **Tip!**
  > '~를 사용하여' 뒤에는 연구 방법을 사용하여 무엇을 할 것인지 또는 무엇을 하였는지에 대한 연구 내용을 쓴다.

- 연구 방법 를 실시하여

  (연구 방법으로는) 연구 방법 를 실시하였다
  - 교육의 효과를 논의하기 위하여 20명의 학생을 대상으로 사후 인터뷰를 실시하여 그 결과를 분석하였다.
  - 연구 방법으로는 생산업체 담당자 10명을 대상으로 한 면담과 전문가 대상 정책델파이조사를 실시하였다.

- 분석 도구 를 이용하여 분석하였다
  - 본 연구에서는 설문 조사 결과를 구조방정식을 이용하여 분석하였다.
  - 수집된 자료는 SPSS 통계 프로그램을 활용하여 분석하였다.

  > **Tip!**
  > 1. 수집된 자료를 분석하기 위해 사용된 방법을 쓴다.
  > 2. '이용하여' 대신 '활용하여'를 쓰기도 한다.

- 분석 도구 를 활용하여 분석/연구 내용 를 분석하였다
  - 본 연구에서는 빅데이터 분석 기법을 활용하여 연도에 따라 나타나는 변수별 변화 추이를 분석하였다.
  - 구조변화를 고려한 추정모형인 Bai and Perron(1998)의 분석기법을 활용하여 성과지표를 분석하였다.

- 분석 도구 를 활용하여 기술적 분석 방법 를 실시하였다
  - 자료처리는 SPSS 23.0 프로그램을 활용하여 빈도분석, 신뢰도분석, 다중회귀분석을 실시하였다.
  - 이 연구는 KoNLPy(Korean Natural Language Processing in Python) 패키지를 활용하여 형태소 분석을 실시하였다.

- 연구 목적 를 위하여 기술적 연구 방법 를 실시하였다
  - 매개효과의 검증을 위해 Sobel Test를 실시하였다.
  - 완전매개 모형을 기준으로 성차를 확인하기 위해 다집단 분석을 시행하였다.

  > **Tip!**
  > 1. '-기 위하여' 앞에는 '분석하다', '알아보다', '살피다', '고찰하다'와 같은 단어를 쓸 수 있다.
  > 2. '실시하였다' 대신 '시행하였다'를 쓰기도 한다.

- 연구 목적 기 위하여 분석 자료 를 분석하였다
  - 본 연구에서는 '좀'의 담화 기능을 밝히기 위해 드라마 말뭉치를 분석하였다.
  - 정서지능 유형별 학습자 특성을 파악하기 위하여 자기조절효능감 설문 결과를 분석하였다.

- 연구 방법 를 (연구 방법으로) 채택하였다
  - 본 연구는 질적 연구 방법론에 기반한 심층면접법을 연구 방법으로 채택하였다.
  - 국외 수출 화장품 시장 관련 연구 동향에 관한 연구들을 바탕으로 작성한 설문지를 통한 일반적 현황 파악 방법을 채택하였다.

  > **Tip!**
  > '연구 방법' 대신 '연구 도구'를 쓰기도 한다.

- 이론/분석 기준 를 토대로 (하여) 분석 내용 를 분석한다
  - 본 연구는 정책변동 이론을 토대로 하여 교원성과급 정책의 변동 요인과 과정을 분석하고자 한다.
  - 이 연구는 교육 공무원을 대상으로 Maslow의 욕구단계이론을 토대로 직무만족도를 분석해 보고자 한다.

> **Tip!**
> 1. 구체적인 이론이나 분석 기준을 쓸 때 주로 사용된다. 뒤에는 분석 내용을 쓴다.
> 2. '토대로' 대신 '바탕으로' 등을 쓰기도 한다.

- 연구 방법/이론 를 적용하여
  - 수집된 자료를 발화수반력위계구조 이론을 적용하여 간호사-의사 간 의사소통 양상을 고찰하였다.
  - 분할된 영상은 3차원 볼륨 렌더링 기법을 적용하여 시각화한 후 분석하였다.

- 연구 방법/이론 에 기대어
  연구 방법/이론 에 기대기로 한다
  - 본고는 Hymes(1972)가 제시한 발화 공동체, 발화 상황, 발화 사건, 발화 행위 네 가지 의사소통의 사회적 분석 단위에 기대어 고등학교 영어 교재 회화문을 분석하고자 한다.
  - 이 연구에서는 다문화 리터러시 교육을 위한 결혼이주여성 대상 문화 프로그램의 교육적 의미를 탐구하는 데 구성주의에 기대기로 한다.

- 분석 기준 를 기준으로 (하여)
  분석 기준 를 기준으로 하였다
  - 본고에서 마련한 분석틀을 기준으로 하여 사례를 분석하였다.
  - 연구 동향을 분석하기 위한 틀은 연구 주제, 연구 대상, 연구 방법을 기준으로 하였다.

> **Tip!**
> 특정 분석틀이나 구체적인 분석 기준을 제시할 때 주로 사용한다.

- 본고 의 연구 방법은 아래와 같다
  본고 의 연구 방법은 다음과 같다
  본고 는 다음과 같은 연구 방법을 사용하였다
  − 본고의 연구 방법은 다음과 같다. 먼저, 온라인 설문을 통해 인공지능 학습 플랫폼 사용 경험에 대해 설문을 진행하였다. 다음으로 경험자들을 대상으로 학습 플랫폼 사용 전략에 대한 심층 인터뷰를 실시하였다.

  Tip!
  1. 뒤에는 구체적인 분석 방법을 쓴다.
  2. '연구 방법' 대신 '분석 방법'을 쓰기도 한다.

21 연구 방법 제시하기(2): 설문 조사 연구

설문 조사를 활용한 연구 방법을 쓸 때 사용한다. 설문 조사 방법은 설문지나 인터뷰를 통해 다수로부터 자료를 수집하는 연구 방법이다. 설문 형식으로 이루어지는 연구 도구(예: 학습 전략, MBTI, 학습 동기 측정 도구)를 활용할 때에도 쓴다.

- 어떤 방식으로 설문 조사가 이루어졌는지, 누구를 대상으로 했는지, 언제부터 언제까지 조사했는지를 쓴다. 또한 설문 문항의 내용과 문항 수 등 문항이 어떻게 구성되어 있는지를 쓴다.
- '온라인을 통해', '대면 조사 방법으로'와 같이 설문 조사를 어떠한 방식으로 했는지 쓴다.
- '[설문 대상]를 대상으로'와 같은 표현을 사용하여 설문 대상을 쓴다.
- '[설문 시작]부터 [설문 종료]까지 설문을 실시하였다'와 같은 표현을 사용하여 설문 기간을 쓴다.
- '[설문 항목]으로 구성되었다', '[설문 항목]으로 이루어졌다'와 같은 표현을 사용하여 설문 문항이 어떻게 구성되었는지와 응답 방식을 쓴다.

- [설문 조사]를 통해 자료를 수집하였다

    자료는 [설문 조사]를 통해 수집하였다

    – 온라인 설문 조사를 통해 자료를 수집하였다.

    – 자료는 설문지를 통해 수집하였다.

    > **Tip!**
    > '설문 조사' 대신 '설문지'를 쓰기도 한다.

- [연구 목적]기 위하여 [연구 도구]를 사용하였다

    – 대학생의 자기효능감을 측정하기 위하여 ○○○(2000)가 개발한 자기효능감 측정도구를 사용하였다.

    – 예비 교사의 교사효능감 정도를 알아보기 위해 '교사효능감검사지'를 사용하였다.

> **Tip!**
> '사용하다' 대신 '활용하다'를 쓰기도 한다.

- 자료 수집은  를 통해 진행되었다
  - 자료 수집은 2024년 1월 17일부터 2024년 2월 20일까지 온라인 설문 조사를 통해 진행되었다.
  - 자료 수집은 2024년 1월 17일부터 2024년 2월 20일까지 대면 설문 조사를 통해 진행되었다.

  > **Tip!**
  > 앞에 '[설문 대상]를 대상으로 [설문 시작일]부터 [설문 종료일]까지'와 같은 표현을 사용하여 조사 대상이나 조사 기간을 함께 쓰기도 한다.

- 설문 조사는  으로 진행되었다
  - 설문 조사는 온라인 설문 조사와 대면 설문 조사 방식으로 진행되었다.
  - 설문 조사는 2015년 10월 15일부터 11월 7일까지 약 3주간의 기간에 걸쳐 서면으로 진행되었다.

- 연구 대상 를 대상으로 설문 (조사)를 실시하였다
  연구 대상 를 대상으로 연구 주제 에 대한 설문 (조사)를 실시하였다
  - 국내 중소기업의 ESG 경영을 위한 결정 요인들을 분석하기 위해 20여개 업체의 300명을 대상으로 설문 조사를 실시하였다.
  - 공학 전공 대학생 150명을 대상으로 전공 만족도에 대한 설문을 실시하였다.

  > **Tip!**
  > '실시하였다' 대신 '진행하였다', '진행되었다'를 쓰기도 한다.

- 연구 대상 를 대상으로 설문 시작일 부터 설문 종료일 까지 조사를 실시하였다

  설문 시작일 부터 설문 종료일 까지 연구 대상 를 대상으로 조사를 실시하였다

  – 경영학을 전공하고 있는 대학생 300명을 대상으로 2023년 3월 7일부터 2023년 3월 21일까지 예비 조사를 실시하였다.

  – 2023년 6월 3일부터 2023년 6월 20일까지 A제품을 사용한 경험이 있는 250명을 대상으로 본 조사를 실시하였다.

  > **Tip!**
  > 1. '조사' 대신 '설문', '설문 조사'를 쓰기도 한다.
  > 2. '실시하다' 대신 '진행하다'를 쓰기도 한다.
  > 3. 기간은 '2023년 3월 7일 ~ 2023년 3월 21일'로 쓰기도 한다.

- 설문 조사는 설문 시작일 부터 설문 종료일 까지 기간 동안 진행하였다

  – 설문 조사는 2003년 9월 30일부터 11월 30일까지 2달 동안 진행하였다.

  – 설문 조사는 2020년 5월 20일부터 6월 15일까지 약 3주간 진행되었다.

  > **Tip!**
  > 1. '[기간] 동안' 대신 '[기간] 간'으로 쓰기도 한다.
  > 2. 설문 조사는 예비 조사와 본 조사로 나누어 진행되는 것이 일반적이다.
  >
  > > 예) 본 연구에서는 예비 조사와 본 조사를 실시하였으며 구체적인 절차는 다음과 같다.
  > >
  > > 1. 예비 조사
  > > – 중국 내 한국 뷰티 제품에 대한 사용 현황과 만족도를 조사하기 위해 1차로 작성된 설문도구로 2020년 10월 1일부터 14일까지 한국 뷰티 제품을 사용한 경험이 있는 중국인 소비자를 10명을 대상으로 예비조사를 실시하였다. 예비 조사를 통해 전체적인 설문 구성과 문항의 이해 정도, 질문의 내용 등에서 나타난 부적절한 문항을 수정, 삭제하였다.
  > >
  > > 2. 본 조사
  > > 예비조사 결과를 바탕으로 2차 설문지를 수정, 보완하여 설문도구를 재작성한 후, 2020년 11월 7일부터 15일까지 본 조사를 실시하였다. 조사는 온라인 설문 방식으로 진행하였다. 온라인을 통해 총 229명의 응답자가 참여하였으며, 이 중 성실하게 응답한 225명의 설문지를 분석 대상으로 삼았다.

- 설문지 는 문항 내용 및 문항 수 으로 구성하였다

  설문지 는 문항 내용 및 문항 수 으로 구성되어 있다
  - 설문지는 조사 대상자의 일반사항 7문항, 홈케어 미용기기 사용 현황에 관한 질문 20문항, 홈케어 미용기기 사용 만족도에 관한 질문 10문항, 홈케어 미용기기에 대한 의견 5문항 총 42문항으로 구성되어 있다.
  - 한국어 학습 전략 설문 항목은 기억전략, 인지전략, 보상전략, 메타인지전략, 정의적 전략, 사회적 전략의 6개 전략 항목, 총 30개 문항으로 구성하였다.

  > **Tip!**
  > 1. '설문지' 대신 검사 및 평가 도구를 사용할 때에는 '[검사/실험/연구/조사/평가/측정]도구'로 쓰기도 한다.
  > 2. '구성하다' 대신 '구성되다', '이루어지다'가 쓰이기도 한다.
  >   예) 검사 도구는 일반적 자기효능감 요인 15 문항, 사회적 자기효능감 요인 10문항, 총 25개의 문항으로 이루어졌다.
  > 3. 총 문항수는 가장 마지막에 쓸 수도 있고, 처음에 쓸 수도 있다.
  >   예) 설문지는 총 20개의 문항으로 학습자의 기본 사항에 관한 문항 5개, 학습 전략에 대한 문항 10개, 학습 시 활용하는 매체에 관한 문항 5개로 구성하였다.

- 설문 문항은 다음 〈표〉와 같다.

  〈표 1〉 설문 문항 내용

문항	문항 구성	세부 분항 내용
1~5	기본 사항	성별, 국적, 나이, 학습 기간, 국외 거주 기간
6~15	학습 전략	학습 동기, 자기 조절, 메타 인지 전략 등
16~20	학습 시 활용하는 매체	매체 유형, 매체 활용 기간

  > **Tip!**
  > 위와 같이 '설문 문항은 다음/아래 〈표〉와 같다.'로 제시한 후, 세부 문항 내용을 설명한다.

- 응답 (방식)은 〔문항 척도〕으로 구성되었다
  - 응답 방식은 5점 리커트 척도로 구성되었다.
  - 응답은 6점 Likert 척도로 '확실히 그렇다' 6점, '대부분 그렇다' 5점, '그런 편이다' 4점, '아닌 편이다' 3점, '거의 아니다' 2점, '전혀 아니다'1점으로 구성되었다.

  > **Tip!**
  > '구성되었다' 대신 '구성하였다'로 쓰기도 한다.

- 〔질문〕에 대해 〔문항 척도〕으로 조사하였다
  - 제품 만족도에 대해 '전혀 필요하지 않다(1점)', '필요하지 않다(2점)', '그저 그렇다(3점)', '필요하다(4점)', '매우 필요하다(5점)'의 5점 리커트 척도로 조사하였다.
  - 6가지의 학습 동기 요인과 관련된 질문에 대해 7점 Likert 척도로 조사하였다.

- 〔자료〕는 〔분석 도구〕를 이용하여 분석하였다
  - 수집된 자료는 SPSS 통계 프로그램을 이용하여 분석하였다.
  - 설문지의 통계분석은 SPSS 19.0, Process macro v2.11 프로그램을 활용하여 분석하였다.

  > **Tip!**
  > 1. 수집된 자료를 분석하기 위해 사용된 방법을 쓴다.
  > 2. '이용하여' 대신 '활용하여', '사용하여'를 쓰기도 한다.

- 〔설문 결과〕는 〔분석 도구〕를 활용하여 〔기술적 분석 방법〕를 실시하였다
  - 설문 결과는 SPSS 23.0 프로그램을 활용하여 빈도분석, 신뢰도분석, 다중회귀분석을 실시하였다.
  - 조사 결과는 R 통계 프로그램을 활용하여 빈도 분석, 상관 분석 그리고 t-검정을 실시하였다.

22 연구 방법 제시하기(3): 실험 연구

한 개 이상의 변수를 조작하여 다른 변수에 미치는 영향을 관찰하는 연구 방법을 쓸 때 사용한다. 실험 연구는 연구를 어떻게 설계했는지, 어떤 과정으로 진행하였는지 실험 절차와 실험 기간, 실험 대상, 실험 내용 등을 쓴다.

- 실험 및 비교 집단을 나타낼 때에는 '실험 집단', '비교 집단', '통제 집단'과 같은 표현을 사용한다.
- 변수(변인)를 나타낼 때에는 '독립변수', '종속변수'와 같은 표현을 사용한다.
- '[실험 대상]를 대상으로', '[실험 대상]가 실험에 참여하였다'와 같은 표현을 사용하여 실험 대상을 쓴다.
- [실험 시작일]부터 [실험 종료일]까지 실험을 실시하였다'와 같은 표현을 사용하여 실험 기간을 쓴다.

- 실험 대상 를 대상으로 실험을 실시하였다

  실험은 실험 대상 를 대상으로 실시하였다

  – 본 연구는 부산광역시 소재 A 고등학교 2학년 3개 학급을 대상으로 실험을 실시하였다.

  – 본고는 한국어 모어 화자와 외국인 한국어 학습자의 칭찬 화행 전략을 살펴보기 위해 A 대학에 재학 중인 한국어 모어 화자 15명과 한국어 학습자 15명을 대상으로 실험을 진행하였다.

  > **Tip!**
  > 1. '실험을 실시하다' 대신 '실험을 하다', '실험을 진행하였다'를 쓰기도 한다.
  > 2. '실험' 대신 '조사', '연구'를 쓰기도 한다.

- 실험에는 실험 대상 가 참여하였다

  실험 대상 가 실험에 참여하였다

- 실험에는 인천광역시 소재 Y고등학교에 다니는 2학년 학생 10명과 인천광역시 소재 B고등학교 2학년 1개 학급 20명, 총 30명이 참여하였다.
- 연구대상자로 코로나 진단을 받은 50명을 선정하여 실험군 30명, 대조군 20명이 실험에 참여하였다.

> **Tip!**
> '참여하다' 대신 '참가하다'를 쓰기도 한다.

- 통제 집단 ○○명, 실험 집단 ○○명으로 총 ○○명의 피험자가 실험에 참가하였다
  - 통제 집단 100명, 실험 집단 100명으로 총 200명의 피험자가 실험에 참가하였다.
  - 실험 집단 50명, 통제 집단 50명으로 총 100명의 피험자가 실험에 참가하였다.

> **Tip!**
> '통제 집단'과 '실험 집단'의 순서는 바꿔 쓸 수 있다.

- 실험은 를 대상으로 하였으며, 실험 집단 ○○명, 통제 집단 ○○명으로 구성하였다

  실험은 를 대상으로 하였으며, 실험 집단은 ○○으로, 통제 집단 ○○으로 구성하였다
  - 실험은 독거 노인 50명을 대상으로 하였으며, 실험 집단 20명, 통제 집단 30명으로 구성하였다.
  - 실험은 A 초등학교 학생 150명을 대상으로 하였으며, 실험 집단은 음악 및 사진 자극이 제공되는 반으로, 통제 집단은 음악 및 사진 자극이 제공되지 않는 반으로 구성하였다.

> **Tip!**
> '구성하다' 대신 '설계하다'를 쓰기도 한다.

- 통제 집단(은) OO명, 실험 집단(은) OO명으로 나누었다
  - 총 105명의 학생이 연구에 참여하였다. 이 중 통제 집단 45명, 실험 집단 60명으로 나누었다.
  - 실험 집단은 명시적 방법으로 관용 표현을 지도한 반 30명, 통제 집단은 암시적으로 관용 표현을 지도한 반의 학생 33명으로 나눴다.

  > **Tip!**
  > '나누다' 대신 '구분하다'를 쓰기도 한다.

- 독립변수는 OO으로, 종속변수는 OO으로 설정하였다
  - 독립변수는 블렌디드 러닝 경험으로, 종속변수는 학업 성취도와 학습 태도로 설정하였다.
  - 독립변인은 TV 프로그램의 PPL 삽입여부로, 종속변인은 PPL되었던 목표 광고에 대한 기억과 해당 브랜드에 대한 인지 정도로 설정하였다.

  > **Tip!**
  > '변수' 대신 '변인'을 쓰기도 한다.

- 실험은 [시작일] 부터 [종료일] 까지 (총 기간) 진행되었다
  - 실험은 2024년 3월 7일부터 2024년 3월 21일까지 총 2주간 진행되었다.
  - 실험은 2023년 6월 3일부터 2023년 6월 20일까지 진행되었다.

  > **Tip!**
  > '진행하다' 대신 '실시하다'를 쓰기도 한다.

23 연구 절차 제시하기

연구가 어떠한 단계로 진행되는지를 제시하는 부분이다. 연구 절차를 순서대로 설명하고, 단계를 표나 그림으로 도식화하여 보여주기도 한다.

- 연구 절차를 제시할 때에는 '먼저 [연구 절차 1]', '다음으로/그다음으로 [연구 절차 2]', '마지막으로 [연구 절차 3]'와 같은 순서를 나타내는 표현과 함께 연구 방법과 절차를 쓴다.

- 본고 는 (크게) 연구 절차 의 순서로 이루어졌다. 먼저 [연구 절차 1], (그)다음으로 [연구 절차 2]
  - 본 연구는 크게 연구 말뭉치의 구축과 분석을 위한 전처리 작업, 키워드 분석, 인접 구성 분석의 순서로 이루어졌다. 먼저 학술 논문으로 구성된 연구 말뭉치를 구축한 후 말뭉치에서 키워드를 분석하였다. 그다음으로 학술 논문의 키워드 중 20개 용언을 추출하여 말뭉치에서 각 용언의 인접 구성을 분석하였다.

- 본고 는 다음과 같은 절차로 이루어졌다. 먼저,
  본고 의 연구 절차는 다음과 같다. 우선,

> 본 연구는 다음과 같은 절차로 이루어졌다. 먼저 고등학생 작문 자료 100편을 선정하여 최종 분석 자료로 삼았다. 100편의 작문에 대해 3인의 교사가 채점 후, 채점 결과에 대한 신뢰도를 검정하였다. 다음으로 본 연구에서 설정한 담화 구조 표지 분석 틀에 근거하여 표본별 담화 구조 표지를 분석한 후, 표지별 토큰 수, 타입 수에 대한 양적 분석을 실시하였다. 양적 분석에서는 R 통계 프로그램을 활용하여 통계적 검정을 진행하였다. 쓰기 수준에 따른 표지 사용 양상의 차이를 밝히기 위해 독립표본 t 검정(t-test)을 실시하고, 각 표지의 사용이 쓰기 점수와 관련이 있는지를 살펴보고자 상관관계를 분석하였다. 그다음에 유의미한 자질로 검정된 자질을 중심으로 쓰기 점수에 영향을 미치는지 알아보기 위해 다중선형회귀 분석을 수행하였다. 이러한 절차를 도식화하면 아래의 〈그림 1〉과 같다.

```
┌─────────────────────────────────────────┐
│         고등학생 작문 자료 100편 선정        │
└─────────────────────────────────────────┘
                    ↓
┌─────────────────────────────────────────┐
│         3인 채점 후 신뢰도 검정             │
└─────────────────────────────────────────┘
                    ↓
┌─────────────────────────────────────────┐
│         표본별 담화 구조 표지 분석           │
└─────────────────────────────────────────┘
                    ↓
┌─────────────────────────────────────────┐
│        표본별 담화 구조 표지 양적 분석        │
└─────────────────────────────────────────┘
                    ↓
┌─────────────────────────────────────────┐
│  집단 간 독립표본 t검정, 상관관계 및 다중선형회귀 분석  │
└─────────────────────────────────────────┘
```

〈그림 1〉 본고의 연구 절차

> **Tip!**
>
> 1. 연구 절차를 안내할 때 위와 같은 표현을 사용한 후, 연구 방법과 절차를 차례대로 쓴다. 단계별로 진행한 작업에 대해서는 '～를 분석하였다/실시하였다/수행하였다/진행하였다'와 같은 표현을 쓴다.
> 2. 연구의 절차를 도식화하여 보일 때에는 ' 본고 의 연구 절차를 도식화하면 다음과 같다.' 또는 ' 본고 의 연구 절차를 그림/표로 보이면 아래와 같다.'와 같은 표현을 쓰고 그림을 제시한다.

5 분석 결과 제시하기

✏️ 무엇을 쓸까?

　수행한 연구의 결과를 기술하는 부분이다. 연구를 통해 얻은 결과를 표나 그림으로 제시하고 이를 쉽게 이해할 수 있도록 데이터의 항목, 범주, 수치 등을 설명한다. 이때 통계적 검정 결과를 함께 제시하여 자료의 신뢰성을 높일 수 있다. 이어서 데이터를 통해 도출할 수 있는 주요 결과를 분석하고 연구의 목적 또는 연구 질문, 가설과 연결하여 연구의 결과를 해석한다. 이러한 결과를 토대로 기존 연구 결과와 비교하여 연구의 성과를 밝혀낼 수 있다.

✏️ 어떻게 쓸까?

　분석 결과는 일반적으로 연구 결과의 유형에 따라 다음의 내용을 포함하여 기술한다.

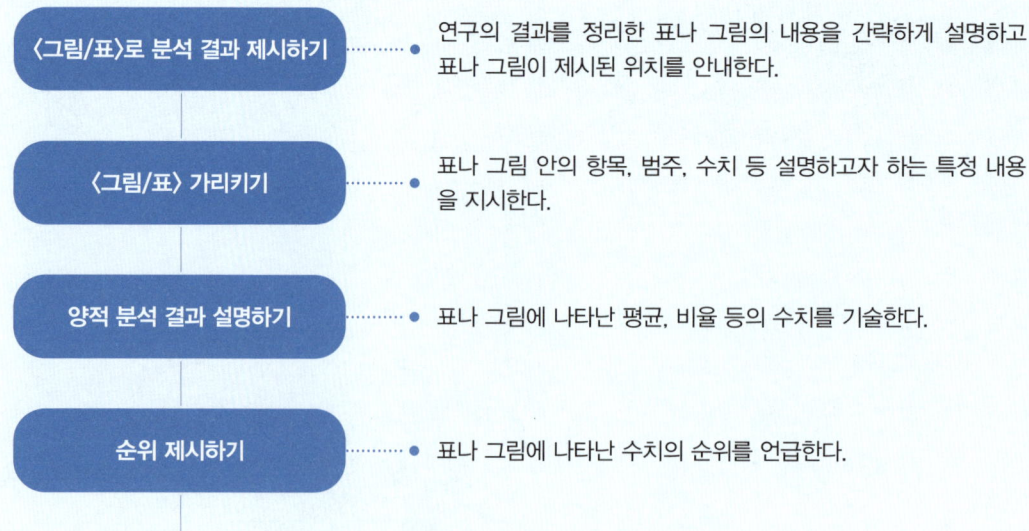

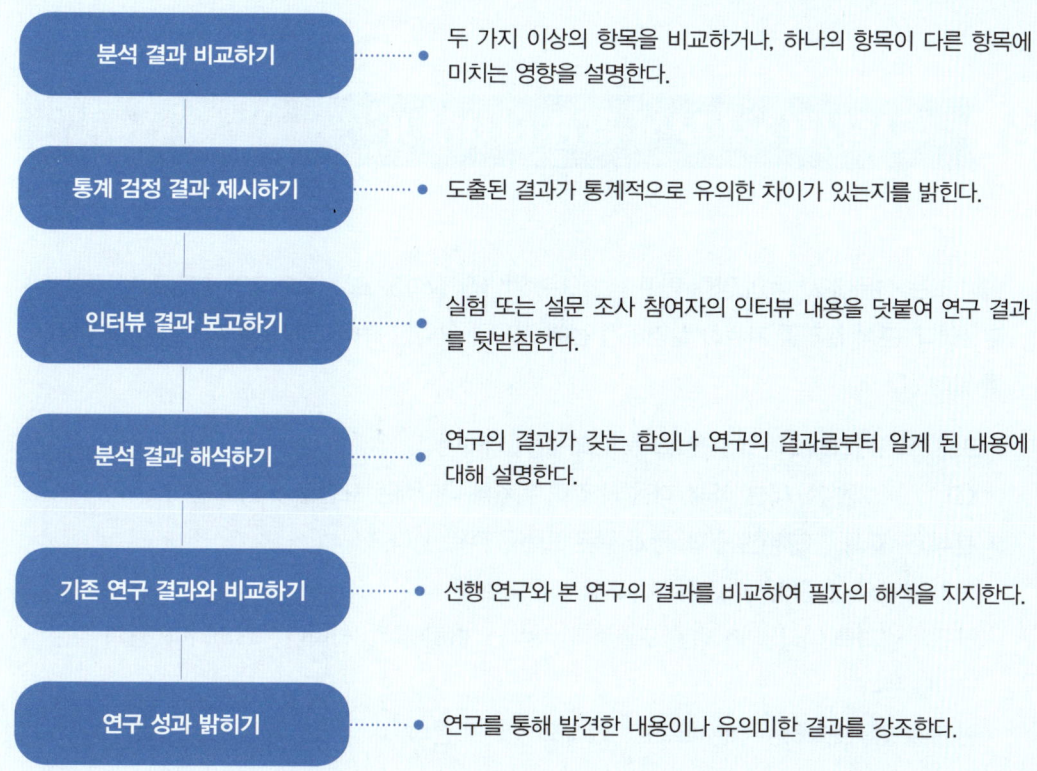

✏️ 어떤 표현을 쓸까?

- 완료된 연구의 결과를 기술하는 것이므로 주로 '–었다'의 형태로 쓴다.
- 분석 결과를 해석할 때는 '이로부터', '이를 통해'와 같이 논거를 함께 제시하여 설득력을 높일 수 있다.
- 연구의 결과를 해석하거나 성과를 밝힐 때에는 '–는다는 것이다'와 같은 강조 표현을 사용하거나 '–다고 해석된다', '–다고 할 수 있다' 등과 같은 완곡 표현을 사용해서 필자의 견해를 드러낸다.

24 〈그림/표〉로 분석 결과 제시하기

실험 또는 설문 조사 등의 양적 연구 방법으로 얻어진 결과를 표나 그래프의 형태로 제시하는 부분이다. 분석 결과를 자세히 설명하기 전에 결과를 요약한 표나 그래프를 제시하고 그 위치를 알려준다.

- 표는 〈표 1〉, 그래프나 그림은 〈그림 1〉과 같이 나타낸다.
- '〈표 1〉', '〈그림 1〉' 대신 '아래, 다음'과 같이 위치를 나타내는 표현을 쓰기도 한다.
- '분석(한) 결과', '조사(한) 결과' 등과 같은 표현을 주로 쓴다.
- '요약하다' 대신 '종합하다', '정리하다'를 쓰기도 한다.
- 연구의 결과를 나타낼 때에는 '도출하다', '얻다', '밝히다', '나타나다', '드러나다' 등과 같은 단어를 쓴다.
- 연구 결과를 보고하는 부분이므로 '-었다'의 형태로 쓴다.

- 분석(한) 결과는 〈그림/표〉 과 같다
  - 본고에서 정한 기준에 따라 분석한 결과는 〈표 1-1〉과 같다.
  - 중고등학교 학생 120명을 대상으로 한 설문 조사 결과는 아래와 같다.

  > **Tip!**
  > '〈그림/표 번호〉과 같다' 대신 '아래/다음과 같다'를 쓰고 표나 그림을 제시하기도 한다.

- 분석(한) 결과를 요약하면  과 같다
  분석(한) 결과를 요약해 보면  과 같다
  - 메탄올 추출물에 대한 항산화 활성을 분석한 결과를 요약하면 〈표 1〉과 같다.
  - 서울시에 거주하는 65세 이상 정년퇴직자 100명을 무작위로 추출하여 분석한 결과를 요약해 보면 〈표 1-1〉과 같다.

> **Tip!**
> '요약하다' 대신 '정리하다', '종합하다'를 쓰기도 한다.

- 분석(한) 결과는 <그림/표> 과 같이 요약할 수 있다
  - 시민단체의 정당 지지 참여와 시민의 인식 간의 상관관계 분석 결과는 〈표 2〉와 같이 요약할 수 있다.
  - 연령 및 성별에 따라 웹툰에 나타나는 폭력성 수용 정도를 측정한 결과는 〈표 3〉과 같이 요약할 수 있다.

> **Tip!**
> '분석한' 대신 '측정한', '조사한', '살펴본'을 쓰기도 한다.

- <그림/표> 는 분석(한) 결과를 제시한 것이다
  - 〈표 1〉은 두 집단의 응답을 비교 분석한 결과를 제시한 것이다.
  - 〈그림 1-2〉는 SNS를 활용한 신규 마케팅 전략 도입 전과 후의 매출액 변화에 대해 분석한 결과를 나타낸 것이다.

> **Tip!**
> '제시한 것이다' 대신 '나타낸 것이다'를 쓰기도 한다.

25 〈그림/표〉 가리키기

설명하고자 하는 표나 그래프 또는 그 안의 항목을 가리킬 때 사용한다.

- 특정 대상을 가리킬 때에는 '~와 같이', '-을 수 있듯이'를 쓴다.
- 'A집단', '남성/여성'과 같이 직접적으로 항목을 가리키기도 하고 '-는 경우', '~의 경우'와 같이 쓰기도 한다.

- 〈그림/표〉 와 같이
  - 매체별 광고비 예산 규모를 보면 〈표 1-2〉와 같이 A사와 B사 모두 주로 인플루언서를 통한 광고 의존도가 높은 것을 알 수 있다.
  - 시민단체 재정의 자율성과 활동의 자율성 정도는 〈그림 1〉과 같이 네 가지 유형으로 도출되었다.

- 〈그림/표〉 에 제시된 바와 같이
  - 〈그림 2〉에 제시된 바와 같이 한국무용 장르 학술논문의 키워드 중 '전공자', '전통무용'의 빈도가 가장 높게 나타났다.
  - 〈표 3-1〉에 나타난 바와 같이 정부의 재정지원은 1990년 이후 꾸준히 증가하고 있다.

> **Tip!**
> '제시된' 대신 '나타난', '드러난'을 쓰기도 한다.

- **〈그림/표〉**에서 확인할 수 있듯이
  - 〈표 4-2〉에서 확인할 수 있듯이 1960년대 중반까지는 단일문제의 해결에 초점을 맞춰온 반면 1970년대에는 지방정부 중심으로 통합적인 개발 전략이 추진되기 시작하였다.
  - 〈표 1〉에서 볼 수 있듯이 FTA로 수출관세가 연 6.6조원 이상 절감되었다.

  > **Tip!**
  > '확인할 수 있듯이' 대신 '알 수 있듯이', '볼 수 있듯이'를 쓰기도 한다.

- **항목**의 경우(는)
  항목은 경우(는)
  - A집단의 경우 사후 평가의 점수가 크게 향상되었으나 B집단의 경우 점수에 큰 변동이 없었다.
  - '그렇다'라고 응답한 경우는 '그렇지 않다'라고 응답한 경우에 비해 주위 사람들로부터의 정서적 지지를 중요하게 생각하는 것으로 나타났다.

26 양적 분석 결과 설명하기

표나 그래프에 수치로 나타난 결과를 기술하는 부분이다. 수치의 의미를 해석하기 전 빈도, 평균, 비율 등으로 집계된 통계 결과를 제시할 때 사용한다.

- '보이다', '나타나다', '차지하다' 등과 같은 표현을 쓴다.
- 연구 결과를 보고하는 부분이므로 '-었다'의 형태로 주로 쓴다.

- 항목 가 표/그림의 내용 다고 응답하였다
  - 조사 결과 응답자의 52%가 방과 후 활동 과목의 수를 늘릴 필요가 있다고 응답하였다.
  - 4주 간의 훈련 후 실시한 사후 조사 결과에 따르면 설문 참여자의 82.5%가 '매우 만족'이라고 답하였다.

  > **Tip!**
  > 1. '[항목]의 N%'의 형태로 주로 쓴다.
  > 2. '응답하였다' 대신 '대답하였다', '답하였다'를 쓰기도 한다.

- 항목 가 표/그림의 내용 를 차지하고 있다
  항목 가 표/그림의 내용 를 차지하였다
  - 각 인터넷 쇼핑몰별 배송 물량의 추이를 살펴보면 2020년 이후에는 A기업이 가장 큰 비중을 차지하고 있음을 알 수 있다.
  - 국제결혼 자녀를 국적별로 살펴본 결과 중국 국적의 배우자 사이에서 출생한 자녀가 전체의 60%를 차지하였다.

> **Tip!**
>
> 항목의 비율이나 비중을 나타내는 표현은 다음과 같다.
>
> 0% ─────────────────────── 100%
>
> 불과 [비율]%를 차지하는 것으로 나타났다.
> [항목]은 [비율]%에 불과하였다
> [항목]은 [비율]%에 그쳤다
> [항목]은 [비율]%에 지나지 않았다
> [항목]의 비율이/비중이 낮았다
>
> [항목]가 [비율]% 이상을 차지하고 있다
> [항목]가 다수를 차지하고 있다
> [항목]가 대부분이었다
> 대체로 [항목의 내용]은 것으로 나타났다
> [항목]가 [비율]%에 달했다
> [항목]의 비율이/비중이 높았다

- 표/그림의 내용 으로 나타났다

  표/그림의 내용 는 것으로 나타났다

  - 업무 능력 측정 결과 개인적 역량의 평균값은 3.28, 사회적 역량의 평균값은 2.71로 나타났다.
  - 형용사나 부사를 사용하여 상대방을 칭찬하는 직접 칭찬 표현은 총 320회로 가장 많이 사용되는 것으로 나타났다.

- 표/그림의 내용 으로 조사되었다

  표/그림의 내용 는 것으로 조사되었다

  - 설문 응답자의 인구통계적 변인 중 성별의 경우 남성 148명(42.3%), 여성 202명(57.7%)으로 조사되었으며 이중 온라인 게임에 일일 평균 5시간 이상 접속하는 사람이 30%에 육박하는 것으로 조사되었다.
  - 국립보건원의 보고에 따르면 국내의 생존 에이즈 감염자는 2022년 기준 1만 5880명으로 조사되었다.

- 표/그림의 내용 를 보였다

  표/그림의 내용 를 보인다

  – 서울시 청년 창업자 중 총매출이 4천만 원 이상 6천만 원 미만인 경우 30.5%로 가장 높은 분포를 보였으며, 1억 원 이상인 경우가 3.5%로 가장 낮은 분포를 보였다.

  – 그러나 2022년 3분기 이후 총생산율이 지속적으로 감소하는 모습을 보인다.

- 표/그림의 내용 으로 분류되었다

  표/그림의 내용 으로 분류될 수 있다

  – 군집분석을 실시한 결과 유사한 구매 성향을 보이는 소비자들이 4개의 군집으로 분류되었다.

  – 20대 청년의 취업의지에 영향을 미치는 요인은 크게 개인적 특징과 노동시장의 특징에 따른 두 가지 집단으로 나누어질 수 있다.

  > **Tip!**
  > '분류되다' 대신 '나누어지다', '구분되다'를 쓰기도 한다.

27 순위 제시하기

표나 그래프의 수치를 순위에 따라 제시하는 부분이다. 일반적으로 가장 많거나 높은 비중을 차지하는 것에서부터 순서대로 나열한다.

- 여러 가지를 나열할 때에는 '-고'와 '-으며' 쓴다. 세 개 이상의 항목을 기술할 때에는 일반적으로 '-고'를 먼저 사용하고 '-으며'는 주로 마지막 항목과 함께 쓴다.
- 순서를 나타내기 위해 '순으로', '순서로', '이어서'와 같은 표현을 쓰기도 한다.

- `항목1` 가 가장 `표/그림의 내용` 고, (그)다음으로(는) `항목2` 가……
  `항목1` 가 가장 `표/그림의 내용` 으며, (그)다음으로(는) `항목2` 가……
  - 연령에 따른 결과를 살펴보면 30-39세가 72명(44.2%)으로 가장 많았고 다음으로 20세~29세(18.2%)가 높은 비율을 차지했다.
  - 주식의 차익거래 성과에 가장 영향력이 큰 요인은 과거 성과요인이며, 그다음으로 기업규모가 영향력이 큰 것으로 조사되었다.

- `표/그림의 내용` 는 `항목1`, `항목2`, `항목3` 순으로……
  - 연구 결과 20대-30대가 앱 구매 시 가장 중요하게 고려하는 요인은 앱의 완성도(0.210)이고 경제성(0.187), 서비스 품질(0.125), 기능(0.118) 순으로 나타났다.
  - 공감 능력의 각 영역과 음악에 대한 흥미도 전체의 상관관계를 분석해 보면 상상하기($r=.523$, $p<.01$), 관점 취하기($r=.514$, $p<.01$) 순서로 높은 정적 상관관계를 나타냈다.

> **Tip!**
> '순으로' 대신 '순서로'를 쓰기도 한다.

- **표/그림의 내용** 이어서 **항목**
  - 응답자의 직업을 살펴보면 사무직이 75명(23.1%)으로 가장 높게 나타났다. **이어서** 학생64명(21.4%), 서비스업 32명(9.8%) 순으로 나타났다.
  - 물류 운송수단의 선호도 조사 결과 해운이 가장 선호되고 **이어서** 철도를 많이 이용하는 것을 알 수 있었다.

  > **Tip!**
  > '(항목1)이 [표/그림의 내용]고 이어서 (항목2), (항목3)이 뒤를 이었다', '(항목1)이 [표/그림의 내용]으며 이어서 (항목2), (항목3)이 뒤를 이었다'와 같이 쓰기도 한다.

- **기타로는** **항목**
  - [표 1]에서 볼 수 있듯이 응답자의 60%는 포털사이트에서 주로 정보를 얻는다고 꼽았으며, 소셜미디어(30%), 동영상 스트리밍 사이트(15%)가 그 뒤를 이었다. **기타로는** TV와 팟캐스트가 각각 5%, 2%를 차지했다.

  > **Tip!**
  > 주요 항목을 제외한 나머지 항목을 묶어서 설명할 때 사용한다.

- **이 외에도** **항목**

  이 외에는 **항목**
  - 〈표 3〉에서는 임용 5년 미만의 공무원의 주요 스트레스 요인을 조사하였는데, 과중한 업무(45%), 대인관계(35%), 급여(15%) 순으로 나타났다. **이 외에는** 건강 문제, 적성에 맞지 않는 등의 개인적인 내용에 대한 응답이 있었다.

  > **Tip!**
  > 주요 항목들과 구분되는 나머지 항목들을 소개할 때 사용된다.

28 분석 결과 비교하기

표나 그래프의 수치를 설명하기 위해 두 가지 이상의 항목을 비교할 때 쓴다.

- '~에 비해', '~와 비교하면' 과 같이 두 항목을 비교하는 표현을 주로 쓴다.
- 비교하는 항목이 같거나 비슷하면 '~와 같이', 다르면 '~와 달리', '~에 반해' 등의 표현을 쓴다.
- 하나의 항목의 변화에 따른 다른 항목의 변화를 나타내거나 하나의 항목의 증가나 감소가 다른 항목에 영향을 미치는 관계를 나타낼 때 '~에 따라', '–을수록'을 쓴다.

- 항목1 와 항목2 를 비교하면
  항목1 와 항목2 를 비교해 보면
  - 〈그림 1〉과 〈그림2〉를 비교하면 2000년대에 비해 2010년대에서 20대 남성의 비중이 증가하였음을 알 수 있다.
  - 운동 강도에 따른 체지방 감소율을 알아보고자 저강도 운동 실시 집단과 중강도 운동을 실시한 집단을 비교해 보면 운동 강도 자체만으로 두 집단 간에는 큰 차이가 없었다.

- 항목1 와 같이 항목2 도
  항목1 가 표/그래프 내용 는 것과 같이 항목2 도
  - 청년층에서의 응답 결과와 같이 중장년층에서도 시민단체 참여를 통해 정치에 입문하는 것에 대해 부정적인 인식을 가지고 있었다.
  - 민주일보의 사설과 칼럼면에서 정치, 행정법률에 대한 주제를 가장 높은 비율로 다루고 있는 것과 같이 중앙일보, 한겨레도 비슷한 경향을 보였다.

- 항목1 이 항목2 에 비해(서)

  항목1 이 항목2 는 데 비해(서)

  - 은행의 순이자마진률(NIM)을 비교해 본 결과 지역은행(2.10%)이 일반은행(1.75%)에 비해 상대적으로 더 높다는 것을 알 수 있었다.
  - 분석 결과 연령, 학력과 같은 개인특성요인에 비해 리더십, 상사에 대한 신뢰와 같은 집단행태요인이 경찰성과에 큰 영향을 미치는 것으로 나타났다.

- 항목1 에 반해(서) 항목2 는

  항목1 는 데 반해(서) 항목2 는

  - 캐나다 몬트리올의 전체 인구 가운데 영어만을 아는 인구는 7.1%인 데 반해 프랑스어만을 아는 인구는 36.3%로 약 5배의 차이를 보인다.
  - 학업 성취에 대한 불평등 요인을 분석한 결과 초등학교에서는 부모의 학력이 가장 큰 요인인 데에 반해 중학교에서는 부모의 재산이 가장 큰 요인을 차지하였다.

- 항목1 와(는) 달리 항목2 는

  항목1 가 표/그래프의 내용 는 것과(는) 달리 항목2 는

  - 참여형 과학 수업에 참여한 집단과는 달리 강의형 과학 수업에 참여한 집단은 성취도 평가에서는 높은 점수를 얻었지만 흥미도는 대폭 하락하는 것을 확인할 수 있었다.
  - 25세 이하의 여성의 86%는 가계소득에 대해 남녀가 동등하게 기여할 것을 기대하고 있는 것과는 달리 50세 이상의 중장년층 여성은 이에 대해 54%만이 그렇다고 응답하였다.

- 항목1 가 표/그래프 내용 을수록 항목2 도
  항목1 가 표/그래프 내용 을수록 항목2 는
  - 성별에 따른 집단 간 차이를 확인한 결과 자아탄력성의 수준이 낮을수록 주관적 안녕감의 수준도 낮아짐을 알 수 있었다.
  - 각 문항은 5점 Likert식이며 '전혀 그렇지 않다' 1점, '그렇지 않다' 2점, '보통이다' 3점, '그렇다' 4점, '매우 그렇다' 5점 척도로 점수가 높을수록 프로그램에 만족한다는 것을 나타낸다.

  > **Tip!**
  > 항목1과 항목2가 비례 관계이면 '~도'를 쓰고, 항목1과 항목2가 반비례 관계이면 '~는'을 쓴다.

- 항목1 가 표/그래프 내용 음에 따라 항목2 도
  항목1 가 표/그래프 내용 음에 따라 항목2 는
  - 〈표 1〉에서 확인할 수 있듯이 메신저 사용 시간이 증가함에 따라 청소년의 대인관계 의존도도 증가하는 추세를 보였다.
  - 〈표 2〉와 같이 미세먼지 농도가 높아짐에 따라 호흡기 건강과 관련된 제품의 판매량은 증가하는 것을 알 수 있다.

  > **Tip!**
  > '-을수록'은 원인과 결과 관계를 나타내거나 비례 관계를 나타내는 경향이 있고, '-음에 따라'는 더 일반적인 변화의 추세를 설명하는 경향이 있다.

29 통계 검정 결과 제시하기

둘 이상의 항목 간에 나타나는 차이점에 초점을 두어 기술할 때 사용한다. 일반적으로 실험 집단과 통제 집단의 차이, 변인에 따른 차이를 통계적으로 검정한 후 그 결과를 기술하게 된다. 따라서 통계학 분야에서 사용하는 전형적인 기술 방식이나 표현을 따르는 경우가 많다.

- 차이가 나타나는 대상을 가리킬 때 '(항목1)와 (항목2)', '(항목1), (항목2) 간' 등을 쓴다.
- 비교하는 대상 간의 차이가 있고 없음을 나타낼 때는 '차이가 있었다/없었다', '차이가 나타났다/나타나지 않았다', '차이를 보였다/보이지 않았다' 등의 표현을 쓴다.
- 통계적으로 유의한 차이가 있고 없음을 나타낼 때는 '유의미했다/유의미하지 않았다', '유의한 차이가 있었다/유의한 차이가 없었다' 등과 같은 표현을 쓴다.
- 비교하는 항목 간의 차이가 클 때 '큰' 대신 '현저한', '뚜렷한', '두드러진', '압도적인' 등과 같은 표현을 함께 쓰기도 한다.

- 항목1 와 항목2 에 차이가 있었다/없었다

  항목1 와 항목2 에서 차이가 있었다/없었다

  – 남성 참가자와 여성 참가자의 스트레스 대처 방식에는 현저한 차이가 있었다.

  – 설문 조사 결과 문법 교육에 대한 학생과 교사의 인식에서 큰 차이가 있었다.

- 항목1 와 항목2 에 차이가 나타났다/나타나지 않았다

  항목1 와 항목2 에서 차이가 나타났다/나타나지 않았다

  – 증강현실 콘텐츠의 수업 효과를 알아보기 위해 설문 조사를 실시한 결과 A집단과 B집단의 학습집중도에서 차이가 나타났다.

  – 주 3회 이상 재택 근무를 실시한 그룹과 주5일 사무실 근무를 실시한 그룹의 업무 생산성에는 큰 차이가 나타나지 않았다.

- 항목1 와 항목2 에서(는) 차이를 보였다/보이지 않았다
  - 해외 한국 드라마 수입 경향을 분석한 결과 아시아 주요 8개국과 미주 지역의 수입 경향에서 국가 간 큰 차이를 보였다.
  - 소득 수준별 여가활동을 살펴보면 고소득층과 저소득층 간 여가 활동 패턴에서는 차이가 있었으나, 삶의 만족도에서는 유의미한 차이를 보이지 않았다.

- 항목1 와 항목2 간(에) 유의한 차이가 있었다
  항목1 와 항목2 간(에) 유의한 차이가 나타났다
  항목1 와 항목2 간(에) 유의한 차이가 발견되었다
  항목1 와 항목2 간(에) 유의한 차이가 관찰되었다
  항목1 와 항목2 간(에) 유의한 차이를 보였다
  - 분산 분석 결과 성별 간에 유의한 차이가 있었다($F(2,147)= 2.65$, $p<0.05$)
  - 검정 결과, 20대 집단과 50대 집단 간 통계적으로 유의한 차이가 나타났다.

- 항목1 와 항목2 간 차이는 통계적으로(도) 유의미했다
  - 소득 수준과 여행 유형 간의 차이는 $p < 0.05$ 수준에서 통계적으로 유의미했다.
  - 실험군과 대조군 간의 체지방 감소 효과 차이는 통계적으로도 유의미했다($p < 0.05$).

  > **Tip!**
  > '유의미하다', '유의미한 차이가 있었다' 앞에는 '통계적으로', '통계적 수준에서'를 쓰기도 한다.

30 인터뷰 결과 보고하기

인터뷰 대상자들이 응답한 내용을 기술하는 부분이다. 인터뷰에서 얻은 대답을 인용해서 결과를 전달할 수 있다.

- 인터뷰한 내용을 옮길 때에는 '하다' 대신 '언급하다', '대답하다', '응답하다', '이야기하다', '진술하다' 등을 쓴다.
- 이미 완료된 인터뷰의 내용을 옮기는 것이므로 '-다고 하였다', '-다고 언급하였다'와 같이 과거 형태를 주로 쓴다.

- **응답자** 는 다음과 같이 대답하였다. " **인터뷰 내용** "
  - 응답자 A는 다음과 같이 대답하였다.
    "처음 공항 라운지를 이용했을 때에는 서비스에 만족할 수 없었습니다. 특히 음식의 종류가 다양하지 않고 한식만 주로 제공되어서 못 먹는 경우가 더 많았습니다."
    (김○○, 그룹인터뷰 중, 2024. 2. 2.)

- **응답자** 는 **인터뷰 내용** 다고 하였다
  - 2018년부터 한국 회사에서 근무한 연구 참여자A는 한국의 기업 문화가 일본에 비해 더욱 직접적 소통 방식을 추구하는 것 같다고 하였다.
  - 연구에 참여한 부모들 중 다수는 상담을 통해 공감과 지지를 얻을 수 있었고 심리적 안정감을 찾아 아동에 대한 태도 역시 긍정적으로 변화하였다고 하였다.

- **응답자** 는 **인터뷰 내용** 다는 의견을 보였다
  - 몇몇 참여자들은 "온라인 플랫폼을 이용하여 공부하는 것이 일과 학습을 병행하는 데에 전혀 도움이 되지 않았다"라는 의견을 보였다.

- **참여자 D는** 해양보호 구역의 중요성이 증대하는 것과는 반대로 이에 대한 관심이 줄어들고 있는 것 같다는 의견을 보였다.

>
>
> '의견을 보였다' 대신 인터뷰의 내용에 따라 '경험을 공유했다', '의견이 나타났다', '키워드가 등장했다', '견해를 표했다', '관점을 보여주었다' 등을 쓰기도 한다.

Memo

31 분석 결과 해석하기

분석 결과를 해석하는 부분이다. 결과로부터 알게 된 사실, 결과가 가지는 의미나 시사점을 제시한다. 또한, 그러한 결과가 나타난 이유를 설명한다.

- '이를 통해', '이로부터', '분석 결과로부터'와 같은 표현을 써서 해석의 근거를 제시한다.
- 결과가 갖는 의미를 나타내기 위해 '나타내다', '시사하다', '의미하다'를 주로 쓴다.
- 분석 결과에 대한 해석은 다양하다. 따라서 필자의 의견을 단정적으로 제시하기보다는 다른 해석이 있을 수 있다는 점을 고려하여, '-을 수 있다'와 같이 완화하여 객관적으로 전달하는 표현을 주로 쓴다.

☞ 더 많은 표현은 논의하기의 '42 부드럽게 표현하기'(142쪽) 참고

- 〈그림/표〉를 보면 [표/그림의 내용]다는 것을 알 수 있다
  〈그림/표〉를 보면 [표/그림의 내용]음을 알 수 있다
  - 〈그림 1〉에 나타난 실험 결과를 보면 통제집단과 처치집단의 숙달도 점수가 크게 달라진 것이 없다는 것을 알 수 있다.
  - 〈표 3-1〉에서 분석한 결과를 보면 성별에 따라 아동의 공격성과 사회적 능력에 차이가 있음을 알 수 있다.

- [논거]로부터 [해석 내용]를 알 수 있다
  [논거]로부터 [해석 내용]음을 알 수 있다
  [논거]로부터 [해석 내용]다는 것을 알 수 있다
  - 〈표 1〉의 결과로부터 청년 자영업자의 경우 중장년 자영업자의 경우보다 소득의 불안정성으로 인한 보험 지출이 크다는 것을 알 수 있다.

– 학교 폭력 피해 학생의 62%가 가해 학생이 같은 반이라고 응답한 결과로부터 학급 내에서 나타나는 공격성의 영향이 결코 무시될 수 없는 상태에 이르렀음을 알 수 있었다.

> **Tip!**
> '알 수 있다' 대신 '파악할 수 있다', '확인할 수 있다'등을 쓰기도 한다.

- 논거 를 통해 (연구의 결과)는 것으로 밝혀졌다
  논거 를 통해 (연구의 결과)다는 것이 밝혀졌다
  – 반복측정 분산분석을 통해 10주간의 식이 프로그램이 참가자들의 혈당을 유의미하게 감소시키는 것으로 밝혀졌다($F(1,98) = 15.1, p < 0.001$).
  – 이를 통해 부모의 정서적지지 및 신뢰는 청소년의 자기 스트레스 조절능력에 영향을 미친다는 것이 밝혀졌다.

- 해석 내용 는 것으로 해석된다
  해석 내용 다고 해석된다
  – 〈그림 1〉에 나타난 바와 같이 월 1회 이상 등산을 하는 그룹의 심혈관질환 발병률이 낮았는데, 규칙적인 운동이 심장 건강에 긍정적인 영향을 미치는 것으로 해석된다.
  – 〈표 1〉에서 확인할 수 있듯 학생들의 학업 성취도와 대인관계 스트레스 사이에는 상관관계가 있는 것을 알 수 있다. 즉 원만한 대인관계가 학습 능력을 향상시키는 데에 중요한 역할을 한다고 해석된다.

  > **Tip!**
  > '해석된다' 대신 '보인다', '판단된다', '생각된다', '사료된다' 등을 쓰기도 한다.

- 연구의 결과 는 해석 내용 다는 것을 의미한다

  연구의 결과 는 해석 내용 음을 의미한다
  - 시간의 경과에 따라 양(+)의 관계는 줄어들고 일정 기간 이후부터는 유의한 음(−)의 관계가 나타나는 것으로 보아 금융소비자 보호 활동이 장기적 관점의 지속가능경영에는 부정적으로 작용한다는 것을 의미한다.
  - 군집분석에서 집단의 유전적 거리와 지리적 분포 간에 뚜렷한 연관성은 확인할 수 없었는데, 이는 집단의 유전분화와 지리적 인접성은 상관이 없음을 의미한다.

  > **Tip!**
  > '의미한다' 대신 '뜻한다', '함의한다', '보여준다', '시사한다'를 쓰기도 한다.

- 연구의 결과 는 해석 내용 다는 의미이다
  - 매일 10분 이상 명상을 수행한 그룹의 스트레스 호르몬 수치가 일정 기간 동안 지속적으로 감소하고 있다는 결과는 명상이 스트레스 관리에 효과적이라는 의미이다.
  - 다중회귀분석을 통해 확인된 견주의 양육 태도와 반려견의 문제 행동 발생 간 유의미한 관계는(β = 0.52, p 〈 0.001) 견주의 단호한 행동이 반려견의 문제 행동 교정에 도움이 되었다는 의미이다.

32 기존 연구 결과와 비교하기

관련 선행 연구의 결과와 비교하거나 이론적 근거를 찾아 결과에 대한 해석을 뒷받침하는 부분이다.

☞ 더 많은 표현은 논의하기의 '36 비교·대조하기'(123쪽) 참고

- 본 연구의 결과 는 기존의 연구 결과 를 지지한다
  - 본 연구의 결과는 리더십과 업무 몰입의 관련성을 검증한 선행 연구의 결과를 지지한다.
  - 이러한 결과는 트라우마를 겪은 환자들에게 긍정적 정서를 인식하게 하여 우울증의 재발을 예방하는 데에 도움이 된다는 김민정(2002)의 결과를 지지한다.

- 본 연구의 결과 는 기존의 연구 결과 를 뒷받침한다
  - 본고의 결과는 자기효능감이 진로 결정에 긍정적인 영향을 미친다는 김민희(2015)에서의 연구 결과를 뒷받침한다.
  - 본 연구의 결과는 의사결정 과정에서 정보나 시간 등의 제한으로 인해 조직 내에서는 조직의 규칙이나 관행에 영향을 받는다는 제한된 합리성 이론을 뒷받침한다.

- 본 연구의 결과 는 기존의 연구 결과 와(도) 일치한다
  - 과제의 난이도와 자기효능감이 통계적으로 유의한 것으로 확인된 본 연구의 결과는 김민수(2000)의 연구 결과와 일치한다.
  - 이는 주택점유형태와 사회적 자본 간 높은 연관성이 있다는 기존 연구(김민수 외, 2001)와도 일치하는 것이다.

> **Tip!**
> '일치한다' 대신 '같다', '동일하다'를 쓰기도 한다.

- `본 연구의 결과` 는 `기존의 연구 결과` 와(도) 일맥상통한다
  - 이는 학교에서의 신체활동 증가가 학교 적응력에 긍정적인 영향을 미친다는 앞선 연구들의 결과와 일맥상통한다고 볼 수 있다.
  - 본 연구에서 제안한 다중지능이론을 적용한 교수 방법은 김선아(2020)에서 주장한 학습자 맞춤별 교육과정 다원화 연구의 결론과도 일맥상통한다.

> **Tip!**
> '일맥상통한다' 대신 '맥락을 같이 한다'를 쓰기도 한다.

33 연구 성과 밝히기

연구 결과 새롭게 발견된 내용이나 유의미한 결과를 제시할 때 사용한다.

- 연구 성과를 부각시키고자 할 때에는 '흥미롭다', '중요하다', '주목하다' 등의 단어를 주로 쓴다.
- '(강조하는 내용)는 것' 대신 '(강조하는 내용)는 점', '(강조하는 내용)는 부분'을 쓰기도 한다.
- 필자의 의견을 표현하는 부분이므로 '-을 만하다', '-다고 할 수 있다'와 같은 표현을 자주 사용한다.

- 중요한 것은 이다

  중요한 것은 다는 것이다

  - 부정부패를 방지하기 위해 중요한 것은 시민들의 적극적인 감시와 정치인들의 변화 의지이다.
  - 흥미로운 점은 2020년대 대중가요의 가사에서도 이러한 내용이 나타난다는 것이다.

  > **Tip!**
  > '중요한' 대신 '흥미로운', '눈에 띄는', '특징적인' 등을 쓰기도 한다.

- 는 것이 주목할 만하다

   다는 것이 주목할 만하다

  - 웹툰 원작 콘텐츠가 지속적으로 증가하고 있는 것이 가장 주목할 만하다.
  - 읽기 능력 발달이 또래에 비해 부진하다고 판정된 학생의 수가 2000년대 초반에 비해 2배 이상 증가하였다는 것이 특기할 만하다.

  > **Tip!**
  > '주목하다' 대신 '특기하다'를 쓰기도 한다.

- 강조할 내용 는 것이 특징적이라(고) 할 수 있다
  강조할 내용 다는 것이 특징적이라(고) 할 수 있다
  - 협동 과제 수행 시 학습 성과를 향상시키는 변인으로 감성지능의 점수가 가장 높게 나타난 것이 특징적이라고 할 수 있다.
  - 이 연구의 결과 중 수학 과목에 대한 초등학생의 부담도가 매년 증가하고 있다는 것이 특징적이라 할 수 있다.

6 논의하기

✏ 무엇을 쓸까?

논문에서는 연구자의 주장의 타당성과 정당성을 확보하기 위해 이를 뒷받침할 수 있는 근거를 설득력 있게 전달하는 것이 중요하다. 이를 위해 다양한 설명 방법과 전략을 사용함으로써 독자의 이해를 높일 수 있을 뿐만 아니라 주장의 타당성을 확보할 수 있게 된다.

✏ 어떻게 쓸까?

논의하기에서는 아래의 다양한 설명 방법을 사용할 수 있다.

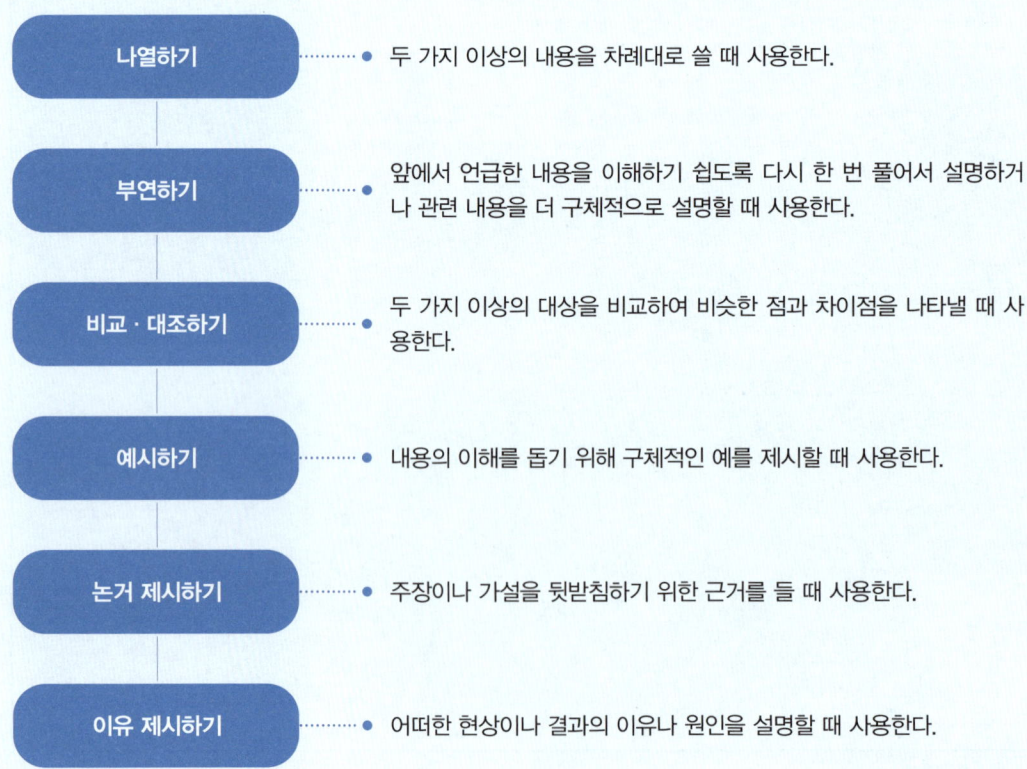

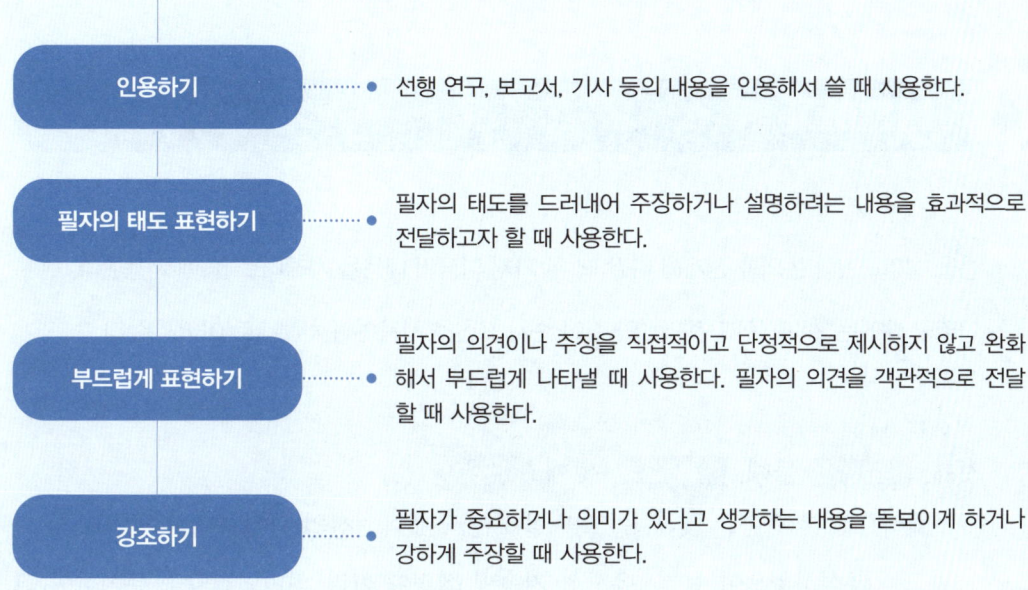

✏️ 어떤 표현을 쓸까?

- 두 가지 이상의 내용을 나열하거나 관련 내용을 구체적으로 설명할 때 '먼저, 다음으로, 마지막으로', '이 외에도', '바꿔 말해서', '즉' 등과 같은 어휘 및 표현을 사용한다.
- 이유나 원인, 논거, 비교 또는 대조의 의미를 나타내는 여러 표현들 가운데 '-으로 인해', '-는 반면' 등과 같이 격식성이 강한 문어적 표현들을 주로 사용한다.
- '-다는 것이다', '-음에 틀림없다'와 같이 강조하는 표현을 사용함으로써 필자의 의견이나 주장하는 바를 강하게 드러낼 수 있다. 반면, 필자의 주장을 독자에게 부드럽게 전달하고자 할 때에는 '-다고 볼 수 있다'와 같은 가능성을 나타내는 표현, '-으로 보이다', '-다고 생각된다'와 같은 피동표현을 사용할 수 있다. 이외에도 '온당하다', '바람직하다' 등과 같은 어휘를 사용해서 필자의 태도를 드러내기도 한다.

34 나열하기

내용을 설명하거나 논의를 전개해 나갈 때 두 가지 이상의 내용을 차례대로 쓸 때 사용한다.
- 나열할 때에는 '첫째, 둘째, 셋째…'와 같이 순서 표현을 사용하여 차례대로 이어서 쓴다.

- 첫째, `내용 1` 둘째, `내용 2`, 셋째 `내용 3`, …
  - 구체적으로 본 연구는 첫째, 연도별 발표된 국내 애견산업 관련 연구주제의 핵심 키워드를 분석하였으며 둘째, 유사성 지수별 설정에 따라 의미연결망을 분석하여 그 특징을 확인하였다.
  - 현재 생명윤리적 차원에서 쟁점이 되고 있는 문제는 크게 세 가지이다. 첫째, 인간을 대상으로 한 유전자의 조작이나 배아복제와 같은 연구를 시행하는 문제이다. 둘째, 인공적으로 기계에 의존하는 등 인위적으로 생명을 연장, 유지하는 문제이다. 셋째, 죽음의 권리와 함께 편안한 죽음을 위해 인위적으로 인간의 생명을 중단하는 문제이다.

> **Tip!**
> 1. 위와 같이 내용을 한 문장으로 연결해서 쓸 수도 있으며, 아래처럼 각 내용을 문장별로 나눠 쓸 수도 있다.
> 2. 마지막에 쓰이는 '셋째'는 '마지막으로'로 쓸 수 있다.

- 첫 번째(로) `내용 1`, 두 번째(로) `내용 2`, 세 번째(로) `내용 3`, …
  - 상담 효과에 영향을 미치는 주요 요인에는 다음과 같은 것들이 있다. 첫 번째, 상담자의 내적 자질이다. 두 번째, 상담자와 내담자와의 관계적, 사회적 자질이다. 세 번째, 상담 이론에 기반한 상담 기술 습득 여부이다.
  - 직무 특성 중 자기효능감에 영향을 미치는 기제로는 첫 번째로, 조직 풍토가 있다.

자율적인 조직 분위기는 구성원의 자기효능감에 중요한 영향을 미치는 것으로 나타났다. 두 번째로, 직무 전문성이다. 해당 직무 영역에서의 전문성을 갖추었는지 여부가 자기효능감에 영향을 미쳤다. 세 번째로, 직무의 역할 및 권한이다. 본인이 어떠한 직책을 맡아 어떤 역할과 어느 범위까지의 권한을 갖는지 또한 자기효능감에 중요한 영향을 미치는 것으로 나타났다.

> **Tip!**
> 1. '첫 번째(로), 두 번째(로), 세 번째(로)'와 같이 '로'를 붙여 쓸 수도 있다.
> 2. 마지막에 쓰이는 '세 번째'는 '마지막으로'로 쓸 수 있다.

- 먼저 내용1 , 다음으로 내용2 , 마지막으로 내용3
  - 가족 개념을 확대해야 한다는 이유로는 다음과 같은 것들이 있었다. 먼저, 결혼은 필수가 아닌 선택이며, 이에 따라 혼인이나 혈연 관계에 있지 않지만 생계와 주거를 공유한다면 가족으로 인정해야 한다는 것이다. 다음으로, 결혼이라는 법적 제도가 아닌 느슨한 가족 결합 제도가 출산율 상승에 도움이 될 것이라는 이유를 들었다. 마지막으로, 독신 남성과 여성 및 성 소수자들의 비혼 출산을 인정함으로써 가족 다양성을 제고해야 한다는 의견도 있었다.

> **Tip!**
> 1. '먼저' 대신에 '우선'을 쓸 수도 있다.
> 2. 4개 이상을 나열할 때에는 '먼저, 다음으로, 그다음으로, 마지막으로'와 같이 '그다음으로'를 쓸 수도 있다.
> 3. '마지막으로' 대신 '끝으로'를 쓰기도 한다.

- 하나는 내용1 , 다른 하나는 내용2
  - '직업'에는 두 가지 의미가 있는데, 하나는 생계 수단으로서의 직업이며, 다른 하나는 자아 실현의 수단으로서의 직업이다.

- 여기에는 두 가지 의미가 함축되어 있다. 하나는 한국과 베트남과의 교역을 질적인 측면에서 이해해야 한다는 점이며, 다른 하나는 한국과 베트남 간 무역구조가 역사적으로 어떻게 변화해 왔는지를 함께 고려해야 한다는 점이다.

보통 두 가지로 나뉘는 것에 대해 설명할 때 사용한다.

• 그밖에
- 국내기업의 재무적 특성을 추정한 결과, 총자산 순이익률, 매출액 순이익률, 자기자본 순이익률은 유의적인 정적 영향을 미치는 것으로 나타났다. 그밖에 부채비율, 고정비율은 정적 영향을 미치지만 그 영향은 유의한 수준은 아니었다.
- 물체의 공간 정보는 사용자 중심의 3차원 디스플레이를 만드는 데 중요한 역할을 한다. 그밖에 로봇, 감시 시스템을 설계하는 데에도 중요한 정보가 된다.

1. '그밖에'는 '이밖에'로 바꿔 쓸 수 있다.
2. '그밖에'는 앞에서 설명한 것 외에 기타에 대한 내용이 있을 때 사용한다.

• 이 외에(도)
- 5세 미만의 아동의 자가면역성 간염의 임상적 치료 경과를 분석한 결과, 대상 환자 임상 증상으로는 황달이 가장 흔하였고, 이 외에 피로감, 식욕부진, 잦은 설사가 동반되었다.
- 명청시대의 지시인 특권계층은 '신사'라고 불렸다. 이 외에도 관신, 진신, 사대부 등 다양한 용어로 지칭되기도 하였다.

'이 외에도'는 '그 외에(도)'로 바꿔 쓸 수 있다.

35 부연하기

앞에서 말한 내용을 이해하기 쉽도록 다시 한 번 풀어서 설명하거나 관련 내용을 더 구체적으로 설명할 때 사용한다.

- 앞에서 설명한 내용 다음에, '다시 말하면', '바꿔 말하면'과 같은 표현을 사용하여 뒤에서 관련 내용을 다시 쉽게 설명한다.
- 앞에서 설명한 내용을 더 자세히 설명할 때 '자세히 말해서', '구체적으로 말해서'와 같은 표현을 사용한다.

- **(이는) 곧,**
  - 사람들의 행위를 효과적으로 제어할 수 있다는 것은 곧, 인간의 욕망을 조절할 수 있게 되었다는 것을 의미한다.
  - 화폐의 지위를 가진다는 의미는 국가에 의한 강제력을 가진다는 것이며, 이는 곧 법정화폐로서의 성격을 가진다는 것을 의미한다.

  > **Tip!**
  > 뒤의 문장 끝에는 '-다는 것이다', '-다는 것을 의미한다', '~를 뜻한다'라는 표현을 덧붙일 수 있다.

- **즉,**
  - 특히 청소년은 여가활동에 참여하는 이유를 개인적인 즐거움이라고 꼽았다. 즉, 재미를 위해 여가활동에 참여하는 것으로 이해할 수 있다.
  - 매슬로의 욕구 위계에 따르면 사람들은 생리적 욕구가 충족되어야 자아실현 욕구를 갖게 된다. 즉, 배고픔과 같이 생존에 관련된 욕구가 충족되어야 자아실현의 욕구가

발생할 수 있다는 것이다.

 Tip!

뒤의 문장 끝에는 '-는다는 것을 의미한다', '~를 뜻한다'라는 표현을 덧붙일 수 있다.

- 바꿔 말해(서)
  바꿔 말하(자)면
  환언하면
  - 환자가 의사의 후견적 보호대상에 머물러 있다는 것은, 바꿔 말해서 환자가 치료 객체로서만 대상화되어 있다는 것을 의미한다.
  - 군 인권 문제가 오랜 기간 지속적으로 발생함에도 불구하고 제도적인 개선이 미흡하다. 바꿔 말하면 우리 군의 조직 가치 체계 내에 인권 가치가 아직 완전히 자리 잡지 못했다는 것이다.

 Tip!

1. '바꿔'는 '바꾸어'로 쓸 수도 있다.
2. '말하면'은 '말하자면'으로 쓸 수도 있다.

- 다시 말해(서)
  다시 말하(자)면
  - 작가는 민족을 근간으로 하는 국가, 다시 말해서 '민족국가'를 꿈꿨던 것이다.
  - 한 사회에 문화로서 정착되는 것은 그 집단의 생존에 도움이 되거나 집단 구성원의 심리적 안전에 기여할 수 있는지에 따른 것이다. 다시 말하면 그 사회의 정황에 얼마나 부합되는지에 달려있다.

- **달리 말해(서)**

  달리 말하(자)면

  - 안전한 AI 사용을 위한 안전 서약이 필요하다. 달리 말해, AI에 지나친 법적 규제가 아닌 적절한 자율규제를 통해 안전성 확보와 개발이 함께 이루어질 수 있도록 하는 것이다.
  - 유아의 사회성 발달에 어머니의 정서 상태가 중요한 영향을 미친다. 달리 말하자면 어머니가 심리적으로 편안하고 긍정적일수록 유아의 사회성 발달에도 긍정적 영향을 줄 수 있다는 것이다.

  > **Tip!**
  > '달리' 대신 '다르게'를 쓰기도 한다.

- **쉽게 말해(서)**

  쉽게 말하(자)면

  - 의약품의 오남용 문제는 시민들의 의료생활문화에서 기인하기도 한다. 쉽게 말해서 어떤 증상이 나타났을 때 바로 약을 복용하고자 하는 시민들의 생활문화에서 비롯된 측면도 있다는 점이다.
  - 정보화는 국제 관계를 급변하게 하는 데 결정적인 영향을 미쳤다. 쉽게 말하면, 전 세계에 정보와 지식이 빠르게 전달됨에 따라 이를 더 이상 개인 국가들이 통제할 수 없게 되고, 이로 인해 국가의 통제력이 약해진 것이다.

- **자세히 말해(서)**

  자세히 말하(자)면

  - 관용어는 중의성을 갖는다. 자세히 말해서, 글자 그대로의 직설적 의미와 글자의 합으로 예측하기 힘든 제3의 의미를 갖기 때문에 중의적인 의미를 갖는다는 것이다.
  - 튀긴 음식은 고지혈증에 위험하다. 자세히 말하자면, 체지방률과 콜레스테롤 수치를

높여 고지혈증의 위험에 노출될 수 있다.

- **구체적으로 말해(서)**

  구체적으로 말하(자)면

  – 주자의 악 개념은 사람들이 도덕적 마음에서 멀어져 인심 또는 인욕을 따라 사는 것과 관련된다. **구체적으로 말하자면**, 마음의 네 실마리에서 어긋나거나 그것을 거스르는 것을 뜻한다.

  – 제주도 문학을 넓은 의미로 정의할 수 있다. **좀 더 구체적으로 말하면**, '제주도' 문학은 제주도 출신 작가인거나 타 지역권 출신이라도 제주도에 오래 거주하거나 관련을 맺으면서 제주도를 소재로 취하거나 제주도의 지역적 특성을 살려 창작한 문학 작품 또는 문학적 활동까지를 포함한다.

  > **Tip!**
  > '좀 더 구체적으로'와 같이 앞에 '좀 더'를 쓸 수 있다.

36 비교·대조하기

두 가지 이상의 대상을 비교하여 비슷한 점과 차이점을 나타낼 때 사용한다.
- '~에 비해', '~에 반해', '-는 반면'과 같은 표현을 주로 사용한다.

- [비교 대상1] 에 비해(서) [비교 대상2] 는
  [비교 대상1] 는 데 비해(서) [비교 대상2] 는
  - 결론적으로 일반사회 과목 전공 교사들은 역사나 도덕 전공 교사들에 비해 상대적으로 자료와 매체를 활용한 교수를 더 선호하는 것으로 나타났다.
  - 정규직 노동자들이 은퇴 후 일정 연금을 받는 데 비해 비정규직 노동자는 연금 수급 기회가 적으므로 빈곤으로 이어질 수 있다.

- [비교 대상1] 에 반해(서) [비교 대상2] 는
  [비교 대상1] 는 데 반해(서) [비교 대상2] 는
  - 전근대적 사상에 반하여 근대 사상은 개인을 중시한다고 볼 수 있다.
  - 서구의 초현실주의는 묘사에 중점을 두는 데에 반해 동양의 초현실주의 시론은 단순히 묘사 자체에만 한정되지는 않는다.

- [비교 대상1] 는 반면(에) [비교 대상2] 는
  - 국내의 주유소 개수는 전반적으로 증가하는 반면 서울시 내의 주유소는 감소하는 것을 알 수 있다.
  - 베네수엘라의 경우 이에 대해 보건복지부 단일 부서에서 담당하고 있는 반면에 한국에서는 3개 정부 부처의 주도로 운영이 되고 있다.

2장 본론 쓰기 123

- 비교 대상1 와(는) 대조적으로 비교 대상2 는
    - 다른 동아시아 국가와 대조적으로 한국에서는 사회경제적 지위와 관련하여 교육 수준, 거주 지역들의 영향력이 추가적으로 관찰되었다.
    - 이러한 입장에서는 지적 능력이 선천적이라는 입장과는 대조적으로 양육 환경 또는 상황의 중요성을 강조한다.

- 비교 대상1 와(는) 반대로 비교 대상2 는
    - 국제정치이론에 의하면 정치의 자유도가 높을수록 지역의 안정도가 가속되는 것으로 보았으나, 그 이론과는 반대로 현재는 불안정성이 증가하고 있다.
    - 제조업의 현장 감독자들을 대상으로 한 결과와는 반대로 근로자들은 교육훈련의 조절효과가 나타나지 않았다.

- 비교 대상1 와(는) 달리 비교 대상2 는
  비교 대상1 와(는) 다르게 비교 대상2 는
    - 맹자가 주장한 성선설과는 달리 순자는 인간의 본성이 본래부터 이기적이며 악하다는 성악설을 주장하였다.
    - 영어권 학습자의 결과와 다르게 일본어권 학습자들은 'ㄹ' 받침 발음에서 오류가 더 많이 나타났다.

- 비교 대상1 와 마찬가지로 비교 대상2 는
    - 분석 결과, 다른 지표와 마찬가지로 강도함수 지표는 통계적으로 유의미하게 나타났다.
    - 성인층과 마찬가지로 청소년층의 언어 사용 패턴도 참여하는 사회적 집단에 따라 달라지는 것으로 드러났다.

> **Tip!**
> 비교 대상과 동일한 내용을 언급할 때에는 '~는' 대신 '~도'를 쓰기도 한다.

37 예시하기

내용의 이해를 돕기 위해 구체적인 예를 제시할 때 사용한다.

- '예를 들어', '예를 들면', '예로 ~를 들 수 있다'와 같은 표현을 주로 사용한다.

- **예를 들(자)면**
  예를 들어
  - 전산 언어학의 발달로 대규모의 사전학습모델이 구축되었는데, 예를 들면 GPT와 BERT를 들 수 있다.
  - 신조어를 통해 당대의 사회상을 살펴볼 수 있다. 예를 들어, '금수저', '흙수저'와 같은 신조어는 부의 대물림으로 인한 빈부 간의 격차가 심화되는 한국의 현 세태를 반영하고 있다.

  > **Tip!**
  > 1. 뒤에는 '(예시)를 들 수 있다', '(예시)가 있다'와 같이 사용되기도 한다.
  > 2. '예를 들면'은 '예를 들자면'으로 쓸 수 있다.

- **예컨대**
  - 일상 생활에서 보게 되는 다양한 복합 양식 텍스트가 있다. 예컨대, 포스터와 표지판은 이미지와 문자 언어가 복합적으로 사용된 복합 양식 테스트이다.
  - 위원회를 제외한 국회 소속기관, 예컨대, 국회사무처, 국회도서관, 국회예산정책처, 국회입법조사처 등은 국회를 보조하거나 지원하는 기능을 담당한다고 볼 수 있다.

- 실례로
  - 글로벌 기업들은 비즈니스 파트너와 함께 SCM시스템을 구축하여 경영효율성을 개선하고자 하였다. 실례로, DELL은 1990년 자체 제품 개발보다는 SCM 부분에 초점을 두어 성공을 거둔 바 있다.
  - 장애인의 경제 활동이 적극적으로 이루어지지 않고 있는 실정이다. 실례로 2015년 장애인실태조사에 따르면, 장애인의 경제활동인구는 약 38.5%로 전체 인구의 1/2수준에 그치고 있다.

    '실례'는 '실제 사례'라는 의미이다.

- 일례로
  - 중국에 진출한 한국 기업 가운데 노무관리의 문제점이 수면 위로 드러난 사례도 있다. 일례로, 2011년 12월말 중국에 진출한 한국 기업에서는 근로자 국적에 따라 차등 지급된 상여금 차이로 불만을 가지고 근로자들이 파업을 일으킨 일이 있다.
  - 불공정 무역행위의 일례로 수입국 시장에서 독점력을 확보할 목적으로 낮은 가격을 책정하여 경쟁사를 제거하는 덤핑을 들 수 있다.

    '일례'는 '하나의 예시'라는 의미이다.

- (그) 예로
  - 직장에서의 업무 스트레스 요인은 개인의 피로 수준에 유의한 영향을 줄 수 있다. 예로, 홍길동(2004)은 직무 몰입도가 지나치게 높은 사람들이 낮은 사람들에 비해 만성피로의 위험도가 약 2배 이상 높다고 하였다.

- 자연어 처리 시, 중의성 해소를 위한 다양한 방법이 제안되었는데, 그 예로 공기어를 활용하는 것을 들 수 있다.

> **Tip!**
> 1. 뒤에는 '[예시]가 있다', '[예시]를 들 수 있다'와 같은 표현을 같이 쓰기도 한다.
> 2. '구체적인 예로'와 같이 '예로' 앞에 '구체적인'을 함께 쓰기도 한다.

- ~의 예로 [예시] 를 들 수 있다

  [예시] 를 (그) 예로 들 수 있다
  - 세시풍속과 관련된 한국 전통문화의 예로 동지에 팥죽을 먹는 것을 들 수 있다.
  - 콩은 다양한 가공식품으로 개발되어 사용되고 있는데, 간장, 된장 등의 장류를 비롯하여 두부, 비지, 콩국 등의 제품을 그 예로 들 수 있다.

- [예시] 가 그 예이다
  - 최근 사립 교육재단의 문제점에 대한 보도가 증가하였음을 알 수 있는데 구체적으로는 예산남용이나 비리의혹에 대한 보도가 그 예이다.
  - 상황·맥락은 행위가 이루어지는 상황이나 맥락을 뜻한다. 미팅, 강의, 세미나, 팟캐스트, 토론, 인터뷰 등이 그 예이다.

> **Tip!**
> '그' 대신에 '좋은', '단적인' 등과 함께 사용되어 예시의 특징을 강조할 수 있다.
> 예 캐릭터 이름 또는 작품 구조 등이 북유럽 신화의 영향력을 나타내는 단적인 예이다.
> 모더니즘의 선구자로 평가되는 이상의 「날개」는 한국식 모더니즘 소설의 좋은 예이다.

- 이를테면
  - 자본시장법에서 AI를 이용한 불공정거래행위 문제가 대두되고 있는데, 이를테면 AI를 이용한 시세조종행위, 부정거래, 시장교란행위 등의 문제가 불거지고 있다.

- K-뷰티산업은 4차 산업혁명 기술의 발전과 함께 그 발전 전략을 고민해 볼 필요가 있다. 이를테면, VR, AR과 같은 기술을 바탕으로 하여 체험이 가능한 맞춤형 뷰티 프레임으로의 전환이 필요하다.

• 가령
- 대학생의 신체적 삶의 질과 관련한 요인으로는 경제적 상황 등이 있다. 가령, 경제적 어려움으로 인해 아르바이트를 하는 학생들은 그렇지 않은 학생들보다 신체적 삶의 질이 떨어질 수 있다.
- 말뭉치에서 연어를 검색할 때에는 변이형을 고려해야 한다. 가령, '결론을 내리다'와 같은 서술어로 쓰이는 연어 구성은 '내린 결론'과 같은 수식 구성으로도 나타날 수 있다.

> **Tip!**
> '가령'은 실제 사례가 아닌 상황을 가정할 때 주로 사용한다.

• 예를 보이면 다음과 같다
(그) 예를 제시하면 다음과 같다
- 한국어의 '-겠-'은 다양한 담화적 기능을 가질 수 있다. 예를 보이면 다음과 같다.
(예) 가. 한국어 공부를 열심히 하겠습니다.   [의지]
    나. 오후에는 비가 내리겠습니다.   [추측]
    다. 다시 한 번 말씀해 주시겠습니까?   [요청]

> **Tip!**
> 문장 형태로 제시한 후, 구체적인 예시나 예문을 넣기도 한다.

38 논거 제시하기

필자의 주장이나 가설을 뒷받침하기 위한 근거를 밝힐 때 사용한다. 일반적인 이론, 저명한 학자의 견해, 선행 연구, 실험 결과, 사회적 현상 등과 일치한다는 것을 보여줌으로써 주장의 근거를 마련할 수 있다.

- 논거를 제시할 때에는 정확한 출처를 언급하거나 '–다는 점에서', '–는 것으로 보아'와 같이 그 내용을 직접적으로 참조하는 표현을 쓴다.

- **논거** 다는 점에서
  - 이는 한국의 비영리 조직 내 인력의 효율적 활용이라는 점에서 본 연구의 가설을 지지한다.
  - PTSD의 발병을 예측하는 위험 요인을 탐구하는 것은 치료에 필요한 기초정보를 제공한다는 점에서 임상적으로 중요하다고 볼 수 있다.

  Tip!
  '점' 대신 '면', '측면'을 쓰기도 한다.

- **논거** 는 것으로 보아
  - 2000년대부터 최근까지 30대 남녀의 당뇨병 유병률이 4배 가량 증가한 것으로 보아 만성질환 환자의 보험 가입률 증가를 예측할 수 있었다.
  - 그러나 선거 당일 출구조사 결과와 최종 선거 결과가 일치하지 않는 경우도 10%에 달하는 것으로 보아 결과를 사전에 단정 짓는 것은 옳지 않다고 본다.

- 논거 와 같은 맥락에서
  - 지역 의원 투표율이 유권자의 교육 수준과 밀접한 관련이 있다는 기존의 연구와 같은 맥락에서, 경제적 불평등이 정치 참여에 미치는 영향을 예측해 볼 수 있다.
  - 부르디외(Bourdieu, 1979; 1986)의 자본 이론과 같은 맥락에서 디지털 기술의 확산이 새로운 형태의 문화 자본 형성을 촉진한다는 가정이 성립할 수 있다.

- 논거 를 근거로 (하여)
  - 본 연구에서는 Bandura(1977)의 사회인지이론을 근거로 학생들의 학업성취도 향상을 위해 자기효능감을 높이는 프로그램을 개발하고자 한다.
  - 대학원생들의 정보자원 이용 양상을 포괄적으로 분석한 본 연구의 내용을 근거로 하여 대학도서관의 접근성을 향상시키기 위한 서비스를 고안해 볼 수 있을 것이다.

- 출처 에 따르면 논거
  - Kaplan & Norton(1992)의 따르면 조직의 성과는 재무, 고객, 내부 프로세스, 학습과 성장의 관점에서 균형 있게 평가되어야 하며, 이를 기초로 기업 경영에서 다차원적 성과 관리의 필요성을 주장할 수 있다.
  - 김민수(2024)에 따르면 가상현실(VR) 기술을 활용한 영어 학습은 학습자의 어휘 장기기억에 유의미한 효과가 있으며, 이는 영어교육 현장에 VR 기술을 도입해야 할 필요성을 시사한다.

- 출처 에 의하면 논거
  - 김민정(2023)에 의하면 지역 단위의 노인 돌봄 프로그램은 참여 노인의 고독감으로 인한 우울감에 있어 더 큰 효과를 보이는 것으로 나타나, 지자체별 노인 돌봄 시스템이 필수적이라고 볼 수 있다.
  - Piaget(1936)의 인지발달 이론에 의하면 아동의 사고 능력은 각 단계를 거쳐 발달하며, 이는 아동을 대상으로 하는 교육과정이 학습자의 인지발달 단계를 고려해야 한

다는 사실을 뒷받침한다.

- **출처** 에서 논의하였듯이 **논거**
  - 토마스 쿤(1962)의 『과학 혁명의 구조』에서 논의하였듯이 과학의 발전은 단순한 사실의 축적이 아니라 패러다임의 전환에 의해 이루어진다고 보았다.
  - 김민정(2024)에서 비대면 원격수업의 효과가 학습자의 자기 주도성에 영향을 받는 것으로 나타났듯이 원격수업 설계 시 학습자들의 성격 및 학습 성향을 살펴보는 것이 중요하다.

  > **Tip!**
  > '논의하였듯이' 대신 '주장하였듯이', '언급하였듯이', '분석하였듯이', '나타났듯이' 등을 쓰기도 한다.

- **출처** 에서 말한 바와 같이 **논거**
  - Gawronski와 Mathis(1965)에서 말한 바와 같이 높은 학업 성취도를 보이는 학생들은 적극적인 학습 태도를 보였다.
  - 김민정(2024)에서 언급한 바와 같이 자신이 스스로를 평가한 결과와 타인이 평가한 결과는 큰 차이가 있었다.

  > **Tip!**
  > '말한' 대신 '언급한', '지적한', '주장한', '제시한' 등을 쓰기도 한다.

- **필자의 의견** 를 지지하는 예시로(는) **출처** 가 있다
  - 규칙적인 운동이 집중력 향상에 긍정적인 영향을 줄 것이라는 본고의 가설을 지지하는 예시로는 김민정(2024), 이민수(2024) 등이 있다.

- 팀원의 문화다양성이 혁신을 촉진한다는 견해를 뒷받침하는 선행 연구로는 다국적 기업과 국내 기업의 전략기획팀의 성과를 보고한 김민수(2024)의 사례연구가 있다.

> **Tip!**
> 1. '지지하는' 대신 '뒷받침하는', '입증하는', '증명하는' 등을 쓰기도 한다.
> 2. 논거의 종류에 따라 '예시', '사례', '이론', '선행 연구' 등을 쓰기도 한다.

- **논거** 에 의해 뒷받침된다
  - 촉매의 표면적이 넓어질수록 반응 속도가 증가할 것이라는 가설은 Lee et al.(2018)의 임상 실험 결과에 의해 뒷받침된다.
  - 독립적 학습 환경에서보다 협동 학습 환경에서의 성취도가 더 높게 나타났는데, 이러한 결과는 비고츠키(Vigotsky)의 사회적 상호작용 이론에 의해 뒷받침된다.

39 이유 제시하기

주장을 뒷받침하는 근거를 제시하거나 현상의 원인을 제시할 때 사용한다. 한국어에는 다양한 이유 표현이 있으며 논문에서는 격식성이 강한 표현들을 주로 사용한다.

- **이유** 기 때문에 **결과**
  - 이상 기후 현상은 농사에 직접적인 피해를 끼치**기 때문에** 이에 대한 사전 대책이 필요하다.
  - 얼굴 인식 기술은 인권침해의 소지가 있**기 때문에** 사전에 사용자의 동의를 받아야 한다.

- **이유** 를 이유로 **결과**
  이유 다는 이유로 **결과**
  - 임신**을 이유로** 학업을 중단한 청소년 부모는 약 35%에 이르는 것으로 나타났다.
  - 동일한 조건임에도 수도권에 위치해 있**다는 이유로** 정부에서 제공하는 중소기업 혜택을 받지 못하는 것은 부당하다고 생각된다.

- **이유** 는 까닭에 **결과**
  - 시중은행에 비해 상대적으로 낮은 금리를 제시하**는 까닭에** 예금을 기피하는 현상이 일어나고 있다.
  - 내부 전쟁으로 인한 피해 복구와 정치 체제를 유지하는 것이 급선무였**던 까닭에** 그 외의 부분에서는 발전이 늦을 수밖에 없었다.

- 이유 으로 말미암아 결과
  - 정부의 화폐 정책 실패로 말미암아 많은 인플레이션이 발생하였다.
  - 삼국시대 백제는 한강 유역의 지리적 이점으로 말미암아 고구려 및 중국 세력의 견제를 받아왔다.

- 이유 으로 인해(서) 결과
  - 과다한 제품 포장에서 발생되는 다량의 쓰레기로 인해 기업의 사회적 책임이 거론되기 시작하였다.
  - 심리치료사들은 내담자들이 보이는 폭력적 행동으로 인한 부정적인 정서를 경험할 가능성이 있다.

  > **Tip!**
  > '-으로 인한'의 형태로 쓰기도 한다.

- 이유 이니 만큼 결과
  이유 는 만큼 결과
  - 단말기 작동 중 전력 소비량이 큰 만큼 항상 단말기의 전력 상태를 감지하고 안정적으로 동작시키기 위한 전력 모니터링 시스템이 필요하게 되었다.
  - 아동의 언어 발달에 부모의 역할이 중요시되니 만큼 부모는 항상 관심을 가지고 지켜봐야 한다.

- 이유 음으로써 결과
  - 환율의 상승세가 지속됨으로써 무역적자가 계속되었다.
  - 데이터의 수가 적음으로써 결과의 신뢰성에 대한 문제가 제기될 수 있다.

- 결과 는 것은 이유 는 까닭이다
  - 다른 시대에 비해 한국 고대사 연구의 수가 적은 것은 사료가 부족한 까닭이다.
  - 이러한 평가를 받는 것은 인물의 내면적 특질에 대한 제시가 충분하지 않고 인물의 행동과 사건 전개에 충분히 동기화 되어 있지 않은 까닭이다.

- (왜냐하면) 이유 기 때문이다
  - 이러한 현상이 나타나는 것은 분자 구조에 차이가 있기 때문이다.
  - 최근 미래 산업의 인력 수요를 예측하는 것에 대한 중요성이 커지고 있다. 왜냐하면 급격한 기술 발전으로 일자리 구조가 급속도로 변화하고 있기 때문이다.

> **Tip!**
> 결과는 앞 문장에 제시한다.

- 이런 이유로 결과
  이런 이유에서 결과
  - 양 국가 간의 장기간 내전이 시작되었다. 이런 이유로 정세는 불안해져 갔고 국제사회에서의 입지도 줄어들 수밖에 없었다.
  - 여성이 남성에 비해 심장질환에 취약한 것으로 드러났다. 이런 이유에서 여성은 심장질환에 더 주의를 기울여야 한다고 하는 것이다.

40 인용하기

필자가 주장하고자 하는 바를 뒷받침하기 위하여 학술논문이나 보고서, 기사 등의 내용을 인용할 때 사용한다. 이는 표절을 피하고 학문적 신뢰성과 타당성을 높이기 위해 꼭 필요한 부분이며 크게 인용의 출처를 가리키기 위해 사용되는 표현과 인용되는 내용을 나타내는 표현으로 나눌 수 있다.

- 이때에는 이미 발표되거나 보고된 내용을 인용하는 것이므로 '-다고 하였다'를 자주 쓴다.
- '하다' 대신 '언급하다', '지적하다', '강조하다', '주장하다', '밝히다' 등의 단어를 사용할 수 있다.

- 출처 에서는 인용하는 내용 다고 하였다
  - Bailey(2006)에서는 청소년기 신체활동이 당뇨, 비만과 같은 질환 개선에 뚜렷한 효과를 보인다고 보고하였다. 이는 중고등학교에서 체육교육이 필수적임을 시사한다.
  - 이주여성의 국어사용 실태 연구(김민정 외, 2022)에서는 이주여성들이 구어에 비해 문어의 사용에 어려움을 겪는다고 하였다. 따라서 본 연구에서는 이주여성을 대상으로 한 효과적인 문어 교육 방안에 대해 논하고자 한다.

- 출처 에 따르면 인용하는 내용 다고 하였다
  - Barney(1991)에 따르면 기업의 지속적인 이익 창출을 위해서 인적자원의 관리가 필수적이라고 하였다. 즉, 기업 차원에서의 인적자원 관리가 이루어져야 하며, 이를 효과적으로 관리하기 위한 방안에 대한 고찰이 필요하다.
  - Schware(2004)에 따르면 개발도상국에서 구축한 전자정부 시스템은 총 80% 정도의 실패율을 기록하고 있다고 하였으며, Kim(2008)에서는 시스템의 필요성에 대한 인식 부족을 실패의 원인 중 하나로 꼽았다. 따라서 인식 향상을 위한 노력이 시스템 개발보다 선행되어야 할 것이다.

- **출처** 에 의하면 **인용하는 내용** 다고 하였다
  - Albert Ax(1953)에 의하면 인간의 감정 중 공포와 분노의 생리적 반응에는 차이가 있다고 하였다.
  - McNamara(1996)에 의하면 학생의 능력뿐만 아니라 평가 도구 및 척도, 채점자 요인 등이 수행 기반 평가의 채점 결과에 영향을 미친다고 하였다.

41 필자의 태도 표현하기

필자가 전달하고자 하는 내용을 효과적으로 전달하기 위해 필자의 태도를 나타낼 때 사용한다. 필자가 다양한 표현을 사용함으로써 독자는 내용에 더 집중할 수 있고 필자의 주장을 쉽게 수용할 수 있다.

- '–는 것이 바람직하다', '–음이 마땅하다' 등과 같은 어휘적 표현을 사용해서 필자의 주장을 강화할 때에는 '–는 것이 바람직하다고 본다', '–음이 마땅할 것이다'와 같이 강조나 완곡 표현을 함께 쓰기도 한다.
- 독자의 관심이나 공감을 이끌어내기 위해 '절실하다', '고작이다', '아쉽다'와 같이 필자의 감정이 드러나는 표현을 쓴다.

- **–게 마련이다**
- **–기 마련이다**
  - 사회문화적 차이로 인해 의사소통의 오해가 발생하게 마련이다. 따라서 모국어의 표현을 그대로 목표어로 바꾸어 사용하는 것에는 주의가 필요하다.
  - 기술의 발전은 인간의 생활에 많은 편리함을 가져다주었다. 그러나 긍정적인 측면도 있는 반면 부정적인 측면도 있기 마련이다.

  > **Tip!**
  > 누구나 알고 있는 당연한 사실을 나타낼 때 쓴다.

- **–는 것은 당연하다**
  - 세대 차이로 인한 사회적 갈등이 발생하는 것은 당연하다. 따라서 우리는 그 갈등을 최소화할 수 있는 다양한 방법을 모색할 필요가 있다.

- 새로운 정책 제정 시 다양한 이해관계자들의 의견이 상충되는 것은 당연한 것이다. 그러므로 정책 발의에 앞서 모두의 이해를 반영할 수 있도록 의견을 공유하는 것이 중요하다.

- **-음이 마땅하다**
  -는 것이 마땅하다
  -어야 마땅하다
  - 학생 개인마다의 학습 수준과 이해 속도를 고려한 교육이 이루어져야 함이 마땅하다.
  - 신약 개발 시 동물 실험은 필수적인 과정이다. 이러한 과정에서 윤리적 지침이 준수되어야 마땅하나 이러한 지침을 어겨 문제가 되는 경우가 종종 있어 왔다.

- **~가 절실하다**
  - 반려동물을 키우는 가구가 증가함에 따라 보호자들을 대상으로 하는 훈련 교육이 절실하다.
  - 정부의 다자녀가구 혜택을 받기 위해 아동을 입양하고 학대에 이르는 현재의 사태에 대한 해결방법이 절실하다.

- **-는 것이 고작이다**
  - 현재의 기술 수준으로는 문제의 현상을 진단하는 것이 고작이다.
  - 취약계층에 대한 일시적 지원은 근본적 문제를 해결한다기보다는 눈에 보이는 현상만을 단편적으로 처치하는 것이 고작이다. 따라서 이에 대한 지원을 강화해야 할 필요가 있다.

부족함을 나타낼 때 쓴다.

- ~에 불과하다
  - 이러한 가설은 이론적인 가정에 불과하며, 실제 데이터를 통해 검증되는 것이 필수적이다.
  - 이민정 화백의 초기 작품에 대한 연구는 고작 2편에 불과하였다.

  > **Tip!**
  > '고작 ~에 불과하다'는 표현을 쓰기도 한다.

- -을 만하다
  - 본 연구를 토대로 후속 연구에서 연구 대상 및 범위를 확장하여 다루어볼 만하다.
  - 이러한 발견은 기존 이론의 한계를 보완했다고 평가받을 만하다.

- -을 법하다
  - 본 연구의 결과를 통해 도출된 평가 도구는 모듈화되어 있어 실제 교육 현장에서 다양한 방식으로 활용될 법하다.
  - 문제 해결을 위한 본 연구의 휴리스틱 절차는 다른 문제를 해결하는 데도 응용될 법하다.

  > **Tip!**
  > '-을 법하다'는 주로 객관적인 현상에 근거한 논리적인 추론 또는 평가를 내릴 때 사용하는 반면, '-을 만하다'는 주관적 판단이 포함된 가치 평가에 주로 쓰인다.

42 부드럽게 표현하기

필자의 의견이나 주장을 직접적이고 단정적으로 제시하지 않고 완화하여 부드럽게 나타낼 때 사용한다. 연구 내용에 대한 필자의 판단을 약화시키면서 독자가 이와 다른 관점이나 반대되는 의견을 가질 수 있다는 점을 인정하고, 필자의 의견을 객관적으로 전달할 때 사용한다.

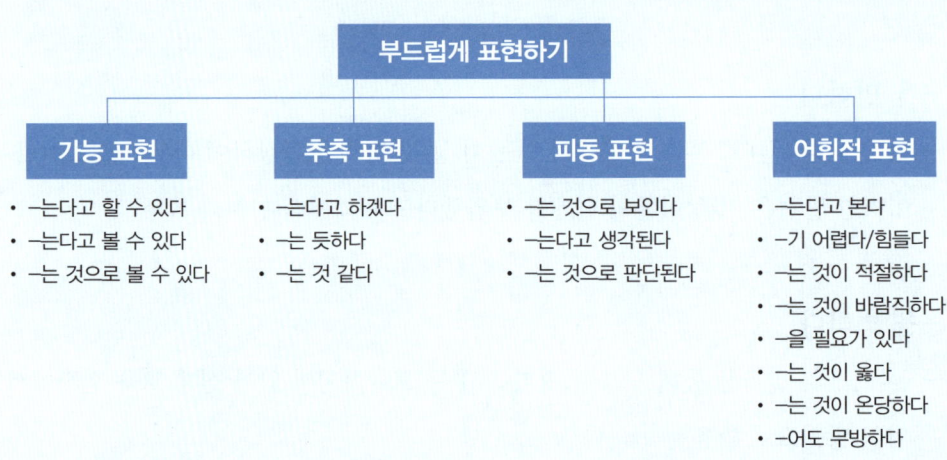

- **가능 표현**: '–는다고 할 수 있다', '–는다고 볼 수 있다', '–는 것으로 볼 수 있다'와 같이 가능성을 나타내는 '–을 수 있다'와 함께 사용하여 단정적으로 표현하는 대신 부드럽게 나타낼 때 사용한다.
- **추측 표현**: '–는다고 하겠다', '–는 듯하다', '–는 것 같다'와 같은 추측을 나타내는 표현을 쓰기도 한다. 다만, 이 표현은 주장을 약화시키거나 객관성을 다소 떨어뜨릴 수 있어 논문에서 선호되지는 않는 편이다.
- **피동 표현**: '–으로 보인다', '–는다고 생각된다', '–는 것으로 판단된다'에서 '보이다', '생각되다', '판단되다'와 같은 피동 표현을 사용할 수 있다.
- **어휘적 표현**: '어렵다', '힘들다', '적절하다', '필요가 있다', '옳다', '온당하다', '바람직하다', '무방하다'와 같은 단어를 써서 어휘적으로 표현하기도 한다.

1) 가능 표현 사용하기

- **–다고(도) 할 수 있다**
  - 조사 결과를 보면 한국 스타트업의 폐업률은 미국과 비교하였을 폐업률이 높다고 할 수 있다.
  - 따라서 암 치료에 보다 효과적인 생리활성을 갖는 소재를 발굴하는 것이 중요하다고 할 수 있다.

- **–다고(도) 볼 수 있다**
  - 학생들의 자발적인 수업 참여가 이루어지지 않고 있는 것은 교사 주도의 일방향적 수업 방식에서 비롯된 결과라고 볼 수 있다.
  - 상호 간 문화 비교 관점에서 이는 베트남 문화 체계가 지닌 특징이라고 볼 수 있다.

  > **Tip!**
  > '이다'와 함께 쓰는 '–라고 볼 수 있다'는 '–라 볼 수 있다'로 쓰기도 한다.

- **–(는 것)으로 볼 수 있다**
  - 조사 결과, 만성적인 직무 스트레스는 근로자의 직무 만족도뿐만 아니라, 개인의 건강 수준에도 부정적인 영향을 미치는 것으로 볼 수 있다.
  - 스토킹 경험에서는 가부장 가정의 영향이 유의미하여 권력과 통제의 행사가 작용하는 것으로 볼 수 있다.

2) 추측 표현 사용하기

- **-다고 하겠다**
  - 이는 장기 미취업자 자녀를 둔 부모가 정서적 부담과 경제적 부담을 지속적으로 느끼고 있다는 것을 보여주는 결과라고 하겠다.
  - 따라서 재정적인 지원과 같은 일회성 정책을 마련하는 것보다 구조적인 문제를 해결하는 것이 우선이라 하겠다.

  > **Tip!**
  > '이다'와 함께 쓰는 '-라고 하겠다'는 '-라 하겠다'로 쓸 수 있다.

- **-는 듯하다**
  - 이러한 결과는 소비자들이 국내 기업의 사회적 책임에 대한 기대가 크다는 것을 간접적으로 시사해주는 듯하다.
  - 노인 빈곤층이 증가함에도 불구하고 이에 대한 구체적인 정책 방안이 마련되지 않는 한, 노인 빈곤층 문제가 쉽게 해결되기는 어려울 듯하다.

  > **Tip!**
  > '-은 듯하다'는 과거의 일에 대한 추측을, '-을 듯하다'는 미래의 일에 대한 추측을 나타낼 때 사용한다.

- **-는 것 같다**
  - 소독 방법에 따른 미생물 제거 측정 결과, 다른 소독법에 비해 에탄올 소독법은 병원 내 미생물 제거에는 크게 효과적이지 않은 것 같다.
  - 기업의 조직 효과성을 높일 수 있는 방안을 마련하기 위해서는 기업 문화와 조직 효과성에 관한 좀 더 진전된 연구가 뒷받침되어야 할 것 같다.

> **Tip!**
> '-은 것 같다'는 과거의 일에 대한 추측을, '-을 것 같다'는 미래의 일에 대한 추측을 나타낼 때 사용한다.

3) 피동 표현 사용하기

- **-(는 것)으로 보인다**
  - 남성의 가사 노동 시간이 증가한 것은 최근 들어 남성의 양육 참여가 증가되어 나타난 결과로 보인다.
  - 결과적으로 비타민 C 섭취량과 혈장 hs-CRP 농도와는 상관성이 매우 적어 임상적인 유의성은 없는 것으로 보인다.

- **-다고 생각된다**
  - 법안에 따라 사안별로 배상 문제를 해결하는 것이 보다 합리적이고도 타당한 해결책이라고 생각된다.
  - 저작물의 발행은 공중에게 공개되었느냐의 여부에 의해 그 성립이 결정되는 것이 타당하다고 생각된다.

- **-(는 것)으로 판단된다**
  - 근력이 증가하면 관절의 움직임을 더 빠르게 가속하기 때문에 증가된 내회전 근력으로 인해 슈팅 속도가 증가했을 것이라고 판단된다.
  - 쿠폰 제공을 통한 프로모션이 고객의 구매에 영향을 미친다는 결과로 볼 때, 쿠폰 제공은 구매 동기를 제고시키는 데 활용 가치가 있을 것으로 판단된다.

- **-(는 것)으로 생각된다**
  - 대출 규모가 감소한 이유는 금융기관의 시장 대응이 영향을 미친 것으로 생각된다.

– 연구직의 정신적인 스트레스의 원인은 기술 개발 및 연구 활동으로 인한 심리적 부담감과 관계가 있는 것으로 생각된다.

> **Tip!**
> 아직 발생하지 않은 일에 대해 추측하거나, 기대 효과, 연구의 의의 등 추후 상황에 대한 추측을 나타낼 때에는 '–을 것'과 함께 사용되어 '–을 것으로 보인다', '–을 것으로 생각된다', '–을 것으로 판단된다'로 쓸 수 있다.

4) 어휘적 표현 사용하기

- **–다고 본다**
  - 공공기관의 연구데이터를 통합적으로 관리하기 위해서는 이를 체계적으로 관리하기 위한 제도가 우선적으로 마련되어야 한다고 본다.
  - 인공지능이 발전함에 따라 사회에서 안정성을 확보할 수 있도록 법안이 마련되는 것이 중요하다고 본다.

- **–기 어렵다**
  - 빅데이터 자료 처리에 있어 개인정보를 식별할 수 없도록 일괄적으로 처리한다고 하더라도 무분별하게 개인정보가 사용될 가능성을 배제하기 어렵다.
  - 결론적으로 고령화 시대의 의료서비스가 효과적으로 공급되었다고 보기 어렵다.

- **–기 힘들다**
  - 금융기관에서 제공되는 세무서비스와 영업 성과와의 관계를 살펴본 연구는 찾아보기 힘들다.
  - 유해환경에 노출된 근로자에 대한 스트레스와 삶의 질에 대한 연구는 찾아보기 힘들다.

- ~으로 보기(는) 어렵다
  - 인공지능이 스스로의 행위에 대해 도덕적으로 판단하는 것이 현재로서는 불가능하기 때문에 도덕적 행위자로 보기는 어렵다.
  - 비교 집단의 변수를 동일하게 통제하지 않았기 때문에 의미 있는 결과로 보기 어렵다.

    '어렵다' 대신 '힘들다'로 쓸 수 있다.

- –다고 보기(는) 어렵다
  - 리더십의 유형에 따른 팀워크 간의 관계에 대해서는 충분한 연구가 이루어졌다고 보기는 어렵다.
  - 무형식 학습 수행과 학습 전이 정도는 유의미한 상관관계를 보이지 않았기 때문에 두 변인이 관련이 있다고 보기는 어렵다.

    '어렵다' 대신 '힘들다'로 쓸 수 있다.

- –는 측면이 있다
  - 조사 자료는 복지 지원 수혜자 정보가 제한적으로 제공되므로 수혜자 계층의 여러 특성을 파악하기에는 부적절한 측면이 있다.
  - 의료 장비에 대한 품질 관리의 미흡함으로 인하여 환자에게 불필요한 의료비 지출이 발생하는 부분이 있다.

    '측면' 대신 '부분', '면'으로 쓸 수도 있다.

- **-는 것이 적절하다**
  - 정량적인 생산성지수보다는 기업에 대한 고객만족도가 기업성과 측정지표로 활용되는 것이 적절하다.
  - 개별 어휘의 다양도가 쓰기 점수에 미치는 영향을 살펴볼 때에는 텍스트의 길이의 영향을 가능한 배제하는 것이 적절하다.

- **-는 것이 바람직하다**
  - 따라서 뼈 강도가 약해지기 시작했을 때에는 약물치료로 골다공증을 지연하는 것이 바람직하다.
  - 다문화 가정의 가족 기능을 평가할 때에는 가족별로 다양성을 인정하고 개별적으로 접근하는 것이 바람직하다.

- **-을 필요가 있다**
  - 외상후스트레스장애(PTSD) 증상을 경험하는 직업군에 대해서 사회적 지원체계를 확충할 필요가 있다.
  - 장애인 복지 문제를 해결하기 위해서는 노동시장에서의 장애인 고용 문제를 적극적으로 검토할 필요가 있다.

- **-는 것이 옳다**
  - 다문화 가정 관련 정책을 수립하기 위해서는 전문가 집단의 의견뿐만 아니라 그 정책 수혜자의 입장도 고려하는 것이 옳다.
  - 국제 무역 협정을 체결할 때에는 상호주의 원칙에 입각하여 세부 규칙을 조율하는 것이 옳다.

- **-는 것이 온당하다**
  - 청소년 범죄를 다룰 때에는 처벌보다는 재발 예방과 재사회화에 초점을 두는 것이 온당하다.
  - 기업의 입장에서는 단기적 이익만을 따지는 것보다는 장기적으로 지속가능한 발전 방향을 모색하는 것이 온당하다.

- **-어도 무방하다**
  - 이 책은 소설이라는 형식을 통해 개개인의 실제 생활과 경험을 묘사하고 있다 해도 무방하다.
  - 학교 수업에서 인터넷이 활용되고 있는 것으로 보아 교육 정보화가 어느 정도 이루어진 것으로 보아도 무방하다.

43 강조하기

논문은 어떤 주제나 쟁점에 관한 자신의 의견이나 주장을 적은 글이다. 따라서 의견이나 주장을 효과적으로 전달하기 위해 사용하는 전략 중 하나가 강조하기이다. 강조하기는 특별히 더 중요하거나 의미가 있다고 생각하는 것을 돋보이게 하거나 강하게 주장하는 것이다. 강조하기는 다양한 형식을 통해 할 수 있는데, 논문을 쓸 때 다음과 같은 방식이 자주 사용된다.

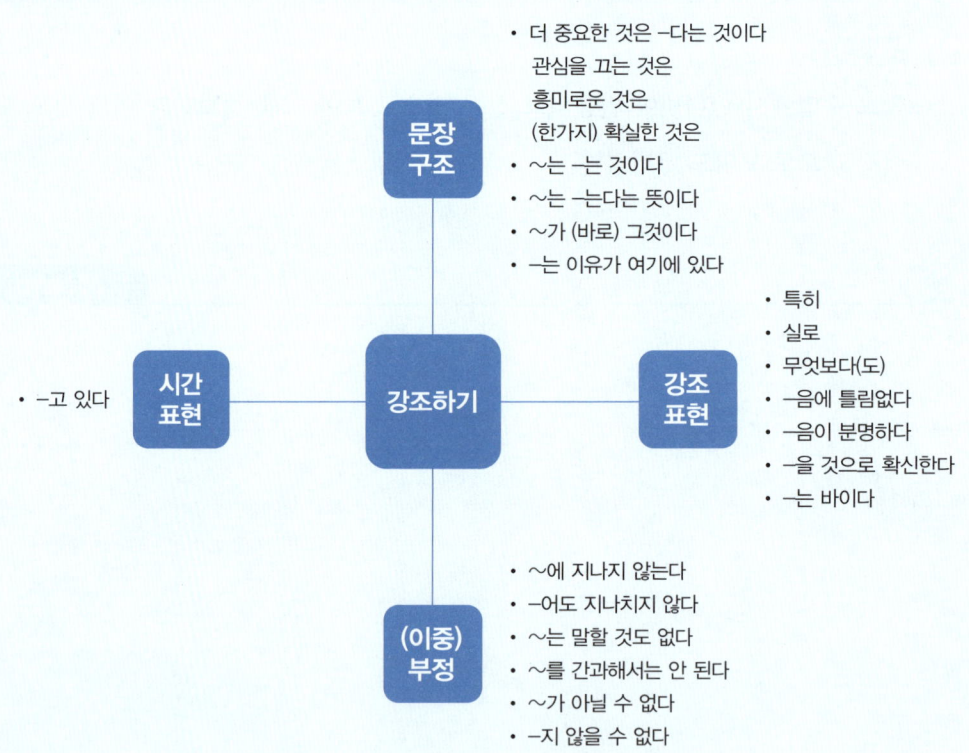

- **문장 구조:** '더 중요한 것은 –다는 것이다', '~는 –는 것이다', '~는 –는다는 뜻이다', '~는 ~이다', '~가 (바로) 그것이다', '–는 이유가 여기에 있다'와 같은 문장 구조를 사용하여 의견이나 주장이 문장에서 돋보이도록 하여 강조하는 방식이다.

- **강조 표현**: '특히', '실로', '무엇보다도'와 같이 문장 전체를 꾸며 주는 말을 사용해 이어지는 의견이나 주장을 강조하거나 문장을 마무리하는 종결 부분에서 '틀림없다', '분명하다', '확신하다'와 같이 강조의 표현을 포함한 표현을 사용해서 강조하는 방식이다. 그 외에도 '-는 바이다'와 같이 단언하는 표현을 통해 강조하기도 한다.
- **(이중) 부정**: '~에 지나지 않다', '-어도 지나치지 않다', '~는 말할 것도 없다', '~을 간과해서는 안 되다'와 같이 부정문 또는 '-가 아닐 수 없다', '-지 않을 수 없다'와 같은 이중 부정을 사용해 강조하는 방식이다.
- **시간 표현**: '-고 있다'로 명제의 내용을 진행형으로 제시하여 그것이 중요함을 강조하는 방식이다. 명제의 내용이 이미 완료된 사실인 경우에도 쓸 수 있다.

1) 특별한 문장 구조 사용하기

- 더 중요한 것은 [의견이나 주장] 다는 것이다
  더 중요한 것은 [의견이나 주장] 다는 점이다
  더 중요한 것은 [의견이나 주장] 다는 사실이다
  - 더 중요한 것은 교사 자신이 창의적인 사고를 할 수 있어야 한다는 것이다.
  - 흥미로운 것은 증강현실과 같은 인공지능 기반 콘텐츠를 활용했을 때 학습자의 동기와 수업 집중도가 유의미하게 향상되었다는 점이다.

> **Tip!**
>
> 문장의 기본 구조는 '-는 것은 -다는 것이다'이다. '-는 것은'은 다음과 같이 강조하고자 하는 의견이나 주장에 대한 필자의 관심이나 강조의 뜻을 나타내는 표현과 결합한다.
> - 더욱 중요한 것은 -다는 것이다
> - 무엇보다 놀라운 것은 -다는 것이다
> - 관심을 끄는 것은 -다는 것이다
> - 흥미로운 것은 -다는 것이다
> - (한가지) 확실한 것은 -다는 것이다

- ~는 -는 것이다
  - 이 연구의 목적은 우리나라의 지방 재정 조정 제도가 어떻게 운영되고 있는지 현황을 조사하는 것이다.
  - 문제는 많은 학생들이 통일이 자신과 상관없는 일이라고 생각하는 것이다.

- ~는 -다는 뜻이다
- ~는 -다는 말이다
  - 이러한 주장은 언론 문제를 바라보는 시각이 단순히 보도 행위에서 잘잘못을 따지는 문제에서 벗어나야 한다는 뜻이다.
  - 바꾸어 말하면 이는 설문의 질문 방식에 따라 수집할 수 있는 정보의 양이나 질이 전혀 달라진다는 말이다.

  > **Tip!**
  > '즉', '다시 말하면', '말하자면', '바꾸어 말하면' 등의 표현과 함께 쓰는 경우가 많다.

- ~가 (바로) 그것이다
  - 대학의 우수성은 다음과 같은 영역을 평가함으로써 확인되는데, 교육과정, 교수-학습 과정, 교원, 학사 행정 시스템 등이 그것이다.
  - 중국이 인도에 비해 한 가지 유리한 점이 있었는데, 인도보다 더 큰 경제적 힘을 가지고 있었다는 점이 바로 그것이다.

- -는 이유가 여기에 있다
  - 다문화 교육에 관한 논의가 무엇보다도 문화적 다양성 측면에 초점을 두어야 하는 이유가 여기에 있다.
  - 기술이 인간의 본성을 변화시킬 수 있을 만큼 발전하는 시대가 온다면, 그럼에도 잃지 말아야 할 '인간다움'이란 무엇일까? 현시점에서 '인간다움'에 대한 재성찰이 필

요한 이유가 여기에 있다.

2) 강조 표현 사용하기

• **특히**
  - 특히 이 논문에서는 사회 복지의 측면에서 돌봄이 필요한 아동이나 청소년들을 지원하기 위한 정책에 관해 살펴보고자 한다.
  - 특히 정보통신 기술의 발달은 최근 공연 예술의 트렌드가 변화해 나가는 데 주도적인 역할을 하고 있다.

• **실로**
  - 실로 한국 현대사는 민주주의의 역사라고 할 만하다.
  - 실로 트라우마의 본질은 외부 환경이 더 이상 안전하지 않다고 느낄 때 통제 능력을 상실하는 것이라고 할 수 있다.

    '참으로', '정말', '과연'의 의미를 나타낸다.

• **무엇보다(도)**
  - 무엇보다도 노년기의 행복감은 정신적·육체적 건강 문제로 인해 감소하게 된다.
  - 무엇보다도 어린이의 언어 습득은 성인에 비해 쉽고 자연스럽게 이루어진다.

    여러 가지 사실 중 가장 강조하고 싶은 것을 제시할 때 사용한다.

- **-음에 틀림없다**
  - 현 상황에서 직업 기술과 교육 훈련 시스템 개발이 근로자들을 만족시키기 위한 가장 중요한 대안임에 틀림없다.
  - 학습장애는 신경생물학적 질환이며 정신의학적 치료와 교육적 처치가 필요한 만성 질환임에 틀림없다.

- **-음이 분명하다**
  -는 것이 분명하다
  - 구석기 시대에 토기의 발명은 당시 사람들의 식생활 양식을 크게 변화시킨 일대 사건이었음이 분명하다.
  - 아직까지 체감하지 못하고 있으나, 앞으로 자원 확보를 위한 세계 각국의 경쟁은 더욱 치열해질 것이 분명하다.

- **-을 것으로 확신한다**
  -을 것이라고 확신한다
  - 본 연구의 결과는 상담 현장에서 내담자들이 자신의 존재를 수용해 가는 과정을 돕는데 긍정적으로 기여할 것으로 확신한다.
  - 사용자에게 가치 있는 정보와 함께 감동을 주는 이야기를 충분히 확보한다면 좋은 콘텐츠를 많이 제작할 수 있을 것이라고 확신한다.

- **-는 바이다**
  - 따라서 본 연구를 계기로 학계, 예술계, 지자체가 지역 무형문화유산의 발굴과 보호를 위해 지속적인 노력을 해 나가야 함을 제언하는 바이다.
  - 본고에서는 다문화 가정의 문제를 개인의 문제가 아닌 우리 사회의 문제로 인식하고 그 해결 방안을 모색해야 할 필요성이 있음을 강조하는 바이다.

> **Tip!**
> '-은 바 있다'는 앞서 그러한 일이 있었음을 나타낸다. 명제의 내용을 기정 사실화하면서 객관성과 격식성을 높이고자 할 때 사용한다.
> 예 교사의 교수법에 영향을 미치는 요인을 파악하기 위한 연구들이 수행된 바 있다.
> 공격성은 다양한 스트레스에 노출됨으로 인해 발현되는 것으로 보고된 바 있다.

3) (이중) 부정 표현 사용하기

- **~에 지나지 않는다**
  - 표면적으로 볼 때 말은 단순히 자신의 의사를 전달하는 것에 지나지 않는다.
  - 지질 시대 중에 시생대는 이 무렵 생물이 이미 있었을 것이라고 추정한 것에 지나지 않는다.

- **-어도 지나치지 않다**
  - 미래 사회를 이끌어 나갈 주역인 아동들의 교육은 그 중요성을 아무리 강조해도 지나치지 않다.
  - 중앙과 지방을 연결하는 교통망의 발달은 30리마다 역과 원을 설치하여 숙소와 교통 등의 편의를 제공한 역원 제도의 발달로 보아도 지나치지 않다.

- **~는 말할 것도 없다**
  ~는 말할 것도 없이
  - 광고료의 대부분을 차지하는 중요한 광고주는 대기업이라는 것은 말할 것도 없다.
  - 지난 수십년간의 한국 문학사에서 가장 중요한 문제 중 하나는 말할 것도 없이 외래 문화에 관한 것이다.

> **Tip!**
> '-는 말할 것도 없이'의 형태로도 많이 쓴다.

- **~를 간과해서는 안 된다**
  - 그러나 많은 연구자들이 지적한 바와 같이 조선의 역사적 흐름은 서구의 역사적 흐름과 달랐다는 점을 간과해서는 안 된다.
  - 치료적인 면에서 원인적 상관성이 없는 질환이라고 하더라도 예후에 미치는 영향은 클 수 있음을 간과해서는 안 된다.

- **-는 일이 아닐 수 없다**
  - 전 세계에서 한국이 가지는 위상에 비추어 볼 때 한국 전통 문화가 세계에 널리 소개되지 않은 것은 안타까운 일이 아닐 수 없다.
  - 예술이 이데올로기와 결합해 정치적인 도구로 전락하는 것은 경계해야 할 일이 아닐 수 없다.

- **-지 않을 수 없다**
  - 언어 사용 양상을 제대로 설명하기 위해서는 그 의미와 담화 맥락 간의 상호 작용 양상을 고려하지 않을 수 없다.
  - 교사 교육을 통해 새로운 교수법을 제공해도 현장 교수에서 교수법의 변화가 쉽지 않음을 고려할 때, 과연 어떤 방안을 모색해야 하는가에 대한 물음이 제기되지 않을 수 없다.

4) 시간 표현

- **-고 있다**
  - 고령화 사회에 접어들면서 높은 노인 빈곤율과 노인 자살이 사회적 문제로 대두되면서 이에 대한 전 사회적인 관심을 불러일으키고 있다.
  - 하이데거는 니체의 철학을 서양 형이상학의 완성이라고 보고 있다.

3장 결론 쓰기

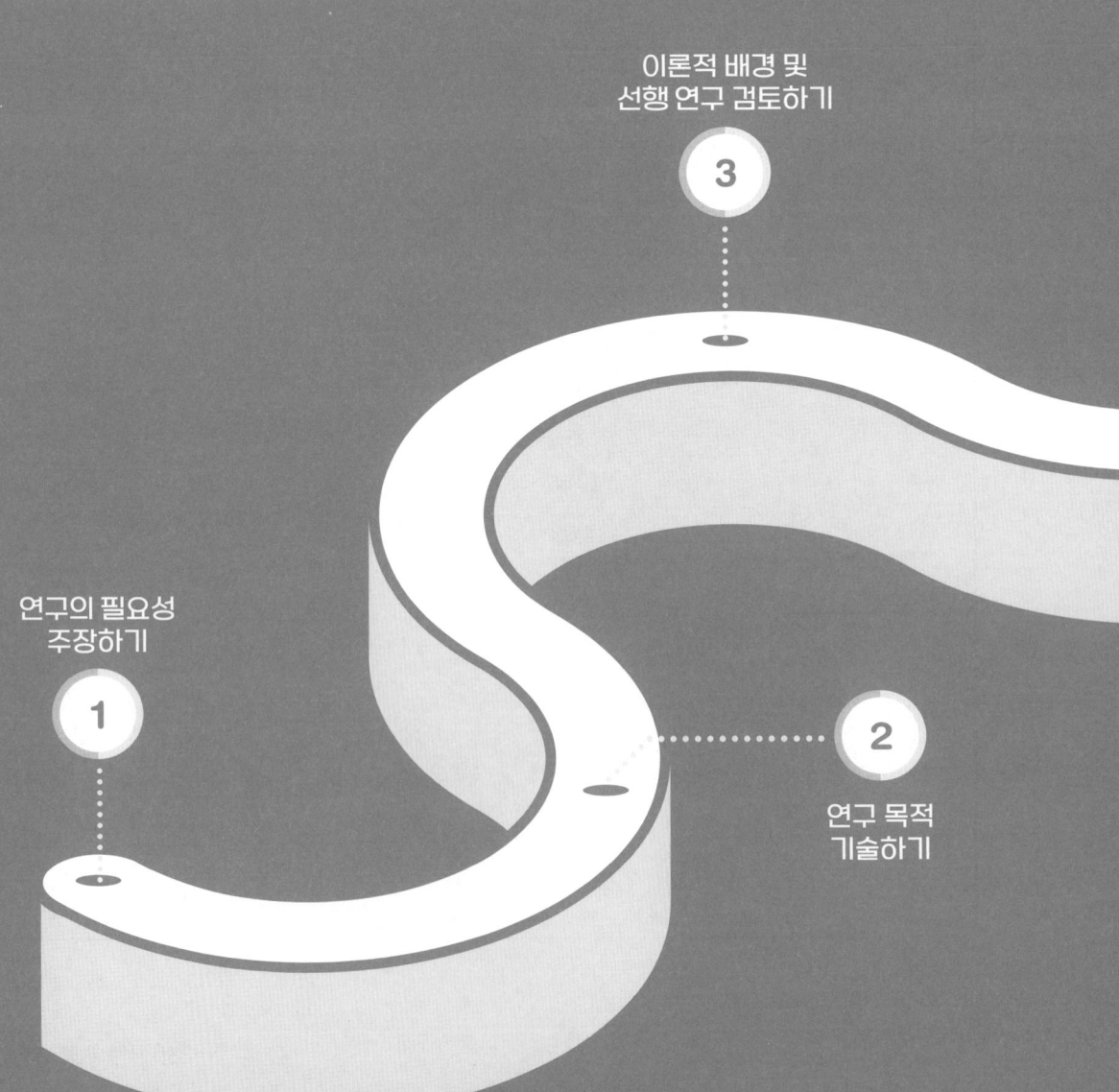

1. 연구의 필요성 주장하기
2. 연구 목적 기술하기
3. 이론적 배경 및 선행 연구 검토하기

결론쓰기
⑦

분석 결과 제시하기
⑤

논의하기
⑥

④
연구 방법 및
절차 소개하기

7 결론 쓰기

✏️ 무엇을 쓸까?

결론은 연구의 내용과 결과를 요약하고 연구의 의의를 기술하는 부분이다. 연구를 통해 얻은 시사점을 밝히고, 이를 바탕으로 연구가 학문적으로 기여할 수 있는 점을 평가한다. 한편, 연구에서 미처 다루지 못하거나 부족했던 한계점을 제시하고, 보완이 필요한 부분을 밝힘으로써 후속 연구가 이루어질 수 있도록 연구의 방향을 제언한다.

✏️ 어떻게 쓸까?

연구의 결론은 일반적으로 다음의 내용을 포함하여 순차적으로 기술한다.

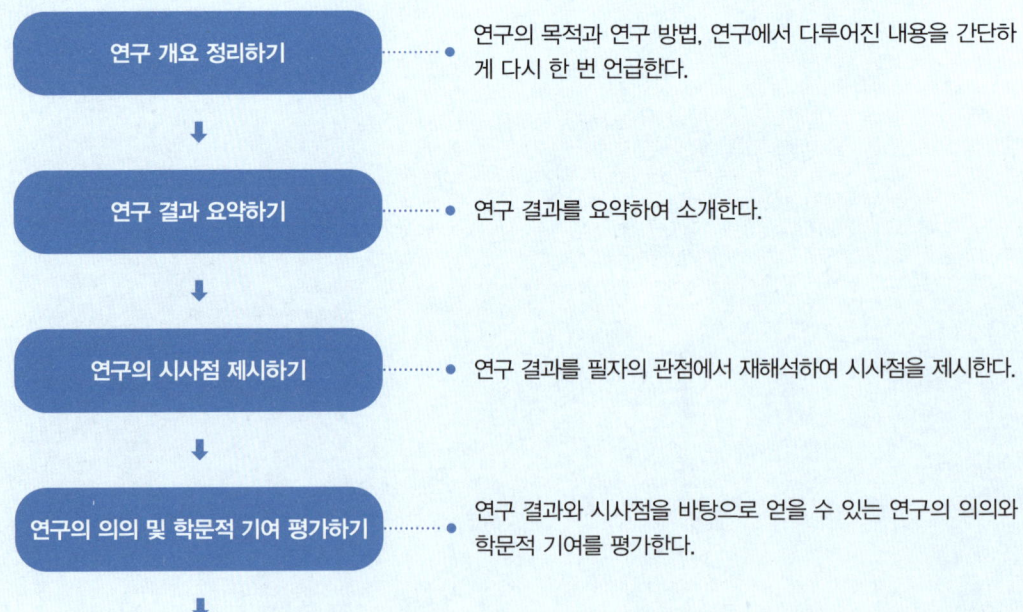

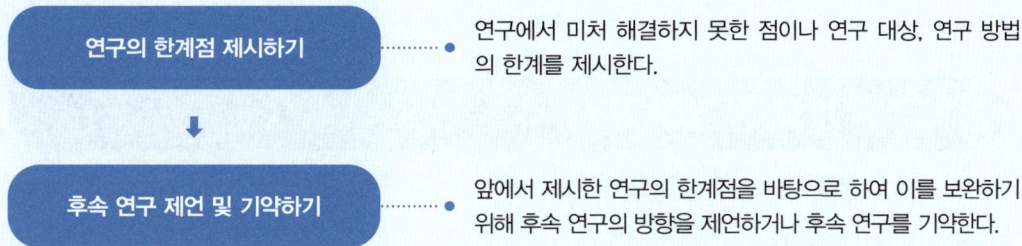

🖉 어떤 표현을 쓸까?

- 연구의 내용을 정리하는 부분이기 때문에 '-었다'와 같은 완료 표현을 사용하여 문장을 끝맺는다.
- 연구의 의의 또는 학문적 기여를 나타낼 때와 후속 연구를 제언할 때에는 '-을 것이다', '-겠다'와 같은 완곡적인 표현을 써서 필자의 의견을 객관적이면서도 부드럽게 나타낼 수 있다.

44 연구 개요 정리하기

본론에서 다루어진 내용을 전체적으로 요약하는 부분이다. 연구의 목적을 다시 한 번 소개한 후 본 연구의 방법이나 연구 내용에 대해서 간략하게 설명한다.

- 연구를 정리하는 부분이기 때문에 '-었다'의 형태로 쓴다.

- 지금까지 `연구 내용` 를 살펴보았다
  지금까지 `연구 내용` 에 대해 살펴보았다
  - 지금까지 우리는 현행 조세 제도와 관련된 여러 문제들을 면밀히 살펴보았다.
  - 이상으로 인공지능의 교육적 역할을 고찰하고 선진국에서의 교육과정 적용 사례에 대해 검토하였다.

  > **Tip!**
  > 1. '지금까지' 대신 '이상으로', '이상과 같이'를 쓰기도 한다.
  > 2. '살펴보았다' 대신 '검토하였다', '고찰하였다', '논의하였다', '분석하였다' 등을 쓰기도 한다.

- `본고` 는 `연구 목적` 은 것이다
  - 본 연구는 신소설 자료를 대상으로 인용 표지의 출현 양상 및 문법화 과정을 고찰한 것이다.
  - 이 연구는 국내 창업 정책을 분석하여 지방의 창업 생태계 및 전망을 논의한 것이다.

- 본고 는 연구 목적 를 목적으로 하였다
  본고 는 연구 목적 는 것을 목적으로 하였다
  - 본고는 대학에서의 참여형 강의 진행을 위한 보조 도구로서의 애플리케이션 설계를 목적으로 하였다.
  - 본 연구는 냉전 시기 각국의 외교 전개 과정을 검토해 보고 현대의 외교 정책에 미친 영향을 살펴보는 것을 목적으로 하였다.

- (그 일환으로) 본고 에서는 연구 목적 고자 하였다
  - 본고에서는 웹툰의 서사적 특징을 분석하고 연령 및 성별에 따른 선호도를 살펴보고자 하였다.
  - 본 연구에서는 일본인 한국어 학습자들의 쓰기 과제에 나타나는 오류를 분석하고, 이러한 특징을 고려한 교수 방안을 고찰하고자 하였다.

  > **Tip!**
  > 해당 연구가 어떠한 맥락에서 이루어졌다는 의미의 '그 일환으로' 또는 '~의 일환으로'를 사용해서 연구의 목적에 대해 자세한 설명을 덧붙일 수 있다.
  > 예 본 연구는 도시에서의 미세먼지 감축 방안을 탐구하는 것을 목적으로 하였다. 그 일환으로 본고에서는 세계 각국의 성공적인 도시 녹지 조성의 사례와 결과를 실증적으로 분석해 보고자 하였다.

- 이를 위해 연구 내용 를 분석하였다
  - 본 연구는 장기 미취업자의 고용에 관여하는 요인을 측정하고 문제의 원인에 따른 고용 지원 프로그램을 제언하는 것을 목적으로 하였다. 이를 위해 사회적지지, 개인의 의지, 고용가능성에 대한 각 유형별 집단 간 차이를 분석하였다.
  - 본고에서는 인주시의 부동산 시장에서의 버블 발생과 붕괴 시점을 예측하여 이에 대한 대응책을 마련해 보고자 하였다. 이를 위해 Bai and Perron(1998)구조적 변화점 검정(structural break test)을 수행하여 시계열 데이터의 구조적 변화점을 분석하였다.

> **Tip!**
> 1. 연구 목적을 언급한 후에 본 연구에서 수행한 연구의 내용, 연구의 방법 등을 설명할 때 사용한다.
> 2. '분석하였다' 대신 '검증하였다', '논의하였다', '고찰하였다', '검토하였다' 등을 쓰기도 한다.

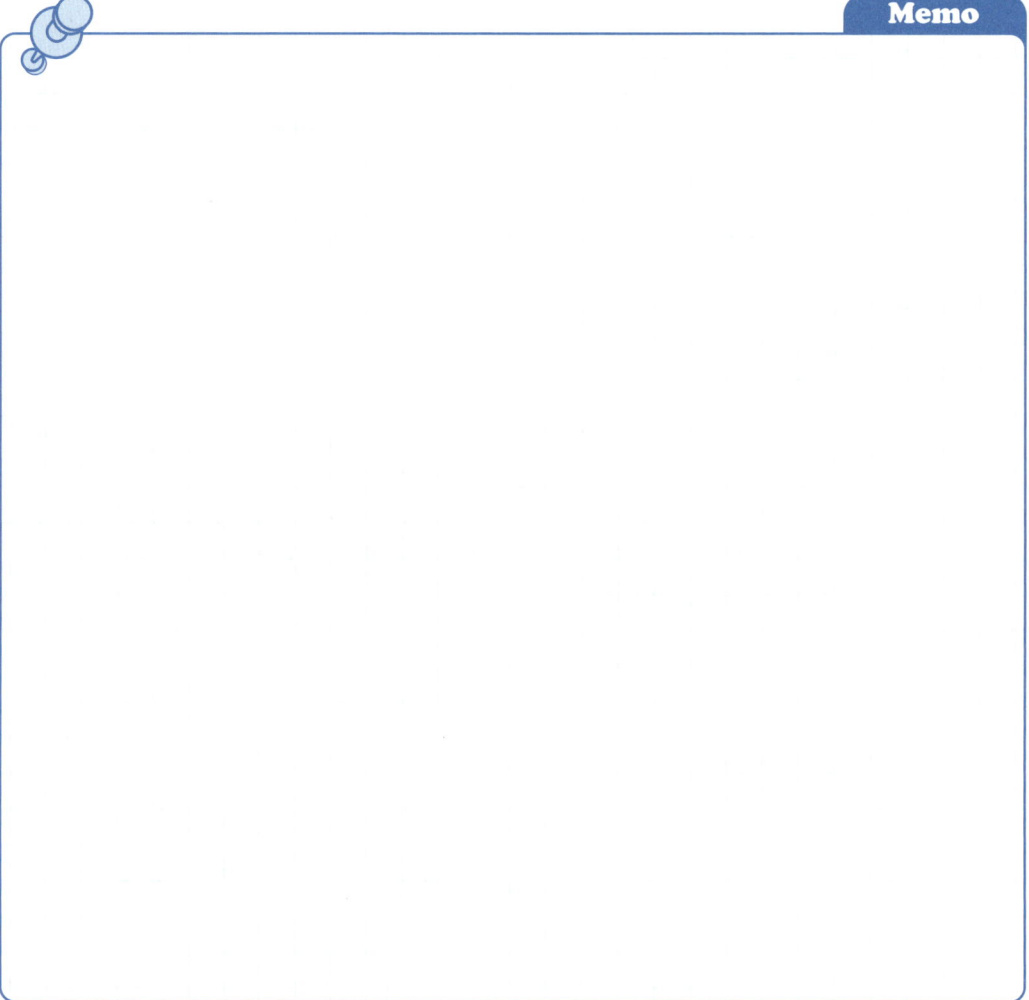

45 연구 결과 요약하기

결론에서 연구 결과를 간단하게 다시 한번 요약해 주는 부분이다.

- 앞에서 연구 목적과 연구한 내용을 요약한 다음 '연구를 통해', '연구한 결과', '연구 결과', '분석 결과', '그 결과'와 같은 표현으로 연결하여 연구 결과를 쓴다.
- '[연구 결과 내용]는 것으로 나타났다', '[연구 결과 내용]다는 것/음을 발견하였다/확인하였다'와 같은 표현을 주로 쓴다.
- 연구 결과를 요약할 때에는 '요약하다', '종합하다', '정리하다'와 같은 단어를 주로 쓴다.
- 연구 결과를 통해 알게 된 내용을 기술할 때에는 '알다', '확인하다', '얻다', '도출하다', '밝혀내다'와 같은 단어를 주로 쓴다.

- 연구 결과, `연구 결과`
  분석 결과, `연구 결과`
  그 결과, `연구 결과`

  – 본 연구에서는 베트남 시장에서의 한국 자동차 관련 제품에 대한 경쟁력을 분석해 보고자 하였다. 분석 결과, SRCA 지수에서 한국은 대다수 품목에서 전반적으로 비교열위로 나타났다.

  – 지금까지 국외 K-뷰티산업 현황에 대해 살펴보았다. 그 결과, K-뷰티산업은 새로운 관광 수출 콘텐츠로서의 가능성을 가지고 있음을 확인할 수 있었다.

> **Tip!**
> 1. 앞에서는 연구 목적이나 연구 내용을 간단하게 써 주고 연구 결과를 이어서 쓴다.
> 2. '분석한 결과', '살펴본 결과', '조사한 결과'를 쓰기도 한다.

- 연구 결과를 살펴보면, 연구 결과
  분석한 결과를 살펴보면, 연구 결과
  - 본고에서는 근로계약 형태에 따른 연구직의 직무 스트레스를 조사하였다. 연구 결과를 살펴보면, 정규직 연구원의 직무 스트레스는 낮게 나타났지만, 비정규직 연구원은 스트레스가 상대적으로 높게 나타남을 알 수 있었다.
  - 이 연구에서는 외국인의 간접투자가 홍콩 주식시장에서의 변동성에 미치는 영향을 살펴보았다. 분석한 결과를 살펴보면, 외국인 거래량 비율이 홍콩 주식시장에 영향을 주는 것으로 나타났다.

- 연구 내용 은 결과, 연구 결과 음을 알 수 있었다
  연구 내용 은 결과, 연구 결과 다는 것을 알 수 있었다
  - 본 연구에서 KS제품표시인증이 제조기업의 경영 성과에 미치는 영향을 살펴본 결과, KS제품표시인증이 해당 기업의 생산성을 제고하는 데 유효한 수단이 되고 있음을 알 수 있었다.
  - 본 연구에서 멀티미디어 자료를 활용한 실습수업의 효과를 측정한 결과 학습자들의 성취도뿐만 아니라 동기 및 만족도에 있어서도 효과가 있다는 것을 확인할 수 있었다.

  > **Tip!**
  > 1. '-은 결과' 앞에는 '살펴본', '분석한', '연구한', '측정한'과 같이 수행한 동사를 주로 쓴다.
  > 2. '알 수 있었다' 대신 '확인할 수 있었다', '발견할 수 있었다', '파악할 수 있었다'를 쓰기도 한다.

- 연구 내용 은 결과, 연구 결과 으로 나타났다
  - 본고를 통해 중국에 대한 국내 항만의 수출의 추이를 살펴본 결과, 중국의 경기상승은 국내 항만의 수출을 증가시키는 것으로 나타났다.

– 이 연구에서는 고졸 청년 취업자의 임금 변화를 살펴보기 위해 그 결정 요인을 성별 변인에 따라 분석하였다. 분석한 결과, 여성의 경우 남성에 비해 '임금 유지형'보다 '임금 감소형'일 확률이 높은 것으로 나타났다.

- 본고 를 통해 연구결과 다는 것을 알 수 있었다
  – 본 연구를 통해 노년층의 인터넷 쇼핑몰에서의 구매 비중이 점차 증가한다는 것을 알 수 있었다.
  – 본고를 통해 웃음을 통한 심리치료가 우울감 치료에 효과가 있다는 것을 확인할 수 있었다.

  > **Tip!**
  > 1. '본고를 통해' 대신 '논의를 통해', '분석 결과를 통해' 등을 쓰기도 한다.
  > 2. '알 수 있었다' 대신 '확인하였다', '확인할 수 있었다'를 쓰기도 한다.

- 연구결과 음을 밝혀냈다
  연구결과 음을 밝혀낼 수 있었다
  연구결과 다는 것을 밝혀냈다
  연구결과 다는 것을 밝혀낼 수 있었다
  – 조직 내 의사소통의 흐름 및 진행 과정을 분석한 결과, 타 부서와의 연결성이 증가할수록 문제 해결의 속도가 빨라짐을 밝혀냈다.
  – 본 연구의 실험을 통해 학생들의 학습 성과는 학급의 규모에 영향을 받는 것으로 나타났으며, 학급 규모가 작을수록 높은 성과로 이어진다는 것을 밝혀낼 수 있었다.

  > **Tip!**
  > 보통 앞에 '[분석 내용]를 분석한 결과', '본 연구를 통해' '본고의 분석을 통해', '본고의 논의를 통해'와 같은 표현을 함께 쓴다.

- 연구 결과 다는 결과를 도출하였다
  연구 결과 다는 결과를 도출할 수 있었다
  - 본고의 분석을 통해 소득 수준 및 연령에 따라 정보 습득의 불평등이 크다는 결과를 도출하였다.
  - 이상의 논의를 통해 새롭게 실시한 주택 관련 정책이 주택 가격의 불안정과 높은 상관관계를 보인다는 결론을 도출할 수 있었다.

  > **Tip!**
  > 1. '결과' 대신 '결론'을 쓰기도 한다.
  > 2. '도출하다' 대신 '이끌어내다'를 쓰기도 한다.

- 연구 결과는 다음과 같다
  연구의 주요 결과는 다음과 같다
  연구 결과를 요약하면 다음과 같다
  연구 결과는 다음과 같이 요약할 수 있다
  - 인공지능 기반 언어학습 플랫폼의 교육적 효과성을 검증하고자 한 본 연구 결과는 다음과 같다. 첫째, 인공지능 기반 언어학습 플랫폼은 학습자의 언어 능력 향상에 통계적으로 유의미하였다. 둘째, 개인 맞춤형 언어 학습 프로그램에서 더 높은 교육적 효과성을 발견할 수 있었다.
  - 본 연구의 결과는 다음과 같다. 먼저, 첫 번째 연구 문제인 "40대 이상 1인 가구는 성별에 따라 여가만족도에 차이가 나타나는가?"는 성별에 따른 여가만족도 차이는 통계적으로 유의하지 않은 것으로 나타났다. 두 번째 연구 문제인 "40대 이상 1인 가구는 성별에 따라 여가 활동 시간에 차이가 있는가?"에 대해서는 성별에 따른 여가 시간에 차이가 있었으며, 이는 통계적으로 유의한 차이를 보였다.

> **Tip!**
> '다음과 같다' 뒤에는 '첫째', '둘째' 등 주요 연구 결과를 나열하기도 하고, 연구 문제에 따라 연구 결과를 정리해서 제시하기도 한다.

- **본고** (의) 결과를 요약하면 다음과 같다
  본고 (의) 결과를 요약하자면 다음과 같다
  본고 (의) 결과를 요약해 보면 다음과 같다
  - 본 연구의 결과를 요약하면 다음과 같다. 첫째, 윤리적 리더십이 조직구성원의 업무 열의에 정적인 영향을 미친다. 둘째, 사기업보다 공기업에서 윤리적 리더십의 긍정적 영향이 더 높게 나타났다.
  - 본고의 결과를 요약해 보면 다음과 같다. 첫째, 성별에 따른 읽기 능력과 쓰기 효능감, 쓰기 능력의 차이를 측정한 결과 두 집단 간의 차이는 유의하지 않았다. 둘째, 읽기 '상' 집단과 '하' 집단 간 쓰기 효능감과 쓰기 능력은 통계적으로 유의한 차이가 나타났다.

> **Tip!**
> '요약하다' 대신 '정리하다', '종합하다'를 쓰기도 한다.

- **-는 것으로(서) 결론을 대신하고자 한다**
  - 논의의 내용을 요약·정리하는 것으로 결론을 대신하고자 한다. 첫째…
  - 본고에서는 드라마 구어 자료를 대상으로 하여 '근데'의 담화 의기 기능을 살펴보았다. 분석 결과를 요약하는 것으로서 결론을 대신하고자 한다. 첫째…

> **Tip!**
> '논의의 내용을 요약·정리하는 것으로서 결론을 대신하고자 한다' 문장을 쓴 후, 다음 단락에 '첫째', '둘째' 등 주요 연구 결과를 요약하여 제시한다.

46 연구의 시사점 제시하기

연구 결과를 필자의 관점에서 재해석하여 시사점을 제시하는 부분이다.

- 본 연구가 시사하는 점을 나타내기 위해 '시사점'과 관련된 표현을 쓴다. '시사점'과 어울려 쓰는 표현으로는 '제공하다', '제시하다', '남기다', '가지다', '던져주다', '도출하다', '얻다' 등이 있다.
- 그밖에도 '시사하다', '함의하다' 등의 단어를 쓰기도 한다.

- [연구 내용/결과] 는 [시사점] 음을 시사한다

  [연구 내용/결과] 는 [시사점] 다는 것을 시사한다
  - 이러한 결과는 장애인의 경제활동 참여를 지속시키기 위하여 제도적 지원이 필수적임을 시사한다.
  - 결론적으로 생애주기 및 돌봄부담감 구성 항목에 따라 자녀 양육에 대한 부담도에 차이가 있으며, 이에 대응하는 각각의 정책이 필요하다는 것을 시사한다.

- [연구 내용/결과] 를 통해 [시사점] 다는 시사점을 도출하였다

  [연구 내용/결과] 를 통해 [시사점] 다는 시사점을 도출할 수 있었다
  - 본 연구의 결과를 통해 사용자 중심의 네비게이션 인터페이스 개발을 위해서는 그 표준을 외부형으로 설정하는 것이 중요하다는 시사점을 도출하였다.
  - 저항운동보다 유산소운동이 뇌 활동을 전반적으로 증가시키는 데에 효과가 있다는 결과를 통해 현행 중·고등학교 체육 수업 개선이 필요하다는 시사점을 얻었다.

  > **Tip!**
  > '도출하다' 대신 '얻다'를 쓰기도 한다.

- 연구 내용 결과 시사점 에 대한 시사점을 찾을 수 있었다
  - 연구 결과 방과 후 공예 프로그램의 효율적인 설계 및 운영에 대한 시사점을 찾을 수 있었다.
  - 다자녀가구로서 정부의 혜택을 받고 있는 30대 부부 3쌍의 내러티브를 분석한 결과 정책의 발전방향에 대한 시사점을 발견할 수 있었다.

  > **Tip!**
  > '찾을 수 있었다' 대신 '발견할 수 있었다', '도출할 수 있었다', '얻을 수 있었다'를 쓰기도 한다.

- 시사점 를 얻을 수 있었다
  - 본 연구에서는 소비자의 형태 인지와 감성 반응의 상호관계를 살펴 디자인 개선에 대한 아이디어를 얻을 수 있었다.
  - 본 연구의 결과를 통해 한국인의 세대별 여가소비 유형에 따른 삶의 만족도와 정체성 모형을 얻을 수 있었다.

- 연구 내용/결과 는 다음과 같은 시사점을 제공한다
  - 이 연구의 결과는 구체적으로 다음과 같은 시사점을 제공한다.
  - 본 연구에서 수행한 실험은 다음과 같은 시사점을 제공한다.

  > **Tip!**
  > '제공한다' 대신 '제시한다', '가진다', '던져준다', '남긴다'를 쓰기도 한다.

- 연구 내용/결과 를 바탕으로 시사점을 논의하면 다음과 같다
  - 국내 지방 자치단체에서의 노인 돌봄서비스 사례를 바탕으로 주요 시사점을 논의하면 다음과 같다.
  - 본고에서 도출한 모형을 바탕으로 시사점을 논의하면 다음과 같다.

47 연구의 의의 및 학문적 기여 평가하기

연구 결과와 시사점을 바탕으로 본 연구의 의의를 나타내는 부분이다. 서론에서 연구의 의의를 제시하는 부분과는 다르게 결론의 내용을 통해 얻을 수 있는 의의와 학문적 기여를 평가한다.

- 필자가 생각하는 연구의 의의를 '의의', '가치' 등의 직접적인 표현을 쓴다. 이때에는 필자의 주장을 완화할 수 있는 '-는다고 하겠다' 또는 '-을 수 있다'를 쓰기도 한다.
- 또한 이러한 연구 결과를 통해 앞으로 기대되는 바를 나타내기 위해 '-기를 기대하다', '-었으면 한다' 등의 표현을 쓰기도 한다.

- 본고 는 연구의 의의 었다는 데 의의가 있다
  본고 는 연구의 의의 었다는 데 의의를 가진다
  본고 는 연구의 의의 었다는 데 의의를 찾을 수 있다
  - 본 연구는 경제적으로 소외된 30대 청년의 정서 상태를 살펴보았다는 데 의의가 있다.
  - 이 연구는 주거환경의 물리적 측면과 거주자의 정서적 측면 간의 관련성을 제시하였다는 데 의의가 있다.

- 본고 는 연구의 의의 다고 하겠다
  본고 는 연구의 의의 다고 할 수 있다
  본고 는 연구의 의의 다고 할 수 있겠다
  - 이 연구는 기존 논의에서는 간과되었던 담화 차원의 의미에 대한 연구로서 의미가 있다고 하겠다.
  - 본 연구는 새로운 다문화정책을 구축하는 기초 연구로서 의의를 가진다고 할 수 있다.

- 연구의 결과 는 기대 효과 을 것으로 기대된다

  연구의 결과 는 기대 효과 으리라고 기대된다
  - 이러한 연구 결과는 향후 이와 관련된 연구 분야의 이론적 토대가 될 것으로 기대된다.
  - 본 연구의 설문 결과는 지역별 응급 의료 체계에 대한 연구의 기초자료로 활용될 수 있으리라고 기대된다.

- 기대 효과 를 기대한다

  기대 효과 기를 기대한다
  - 본 연구는 대륙별 한국문화 수용의 현황과 특징을 분석한 것으로 향후 문화콘텐츠 관련 산업에서의 다양한 활용을 기대한다.
  - 본 연구를 시작으로 강소천의 초기 작품에 대한 활발한 연구가 이어질 수 있기를 기대한다.

- 기대 효과 기를 바란다
  - 본 연구의 결과가 아동문학 말뭉치를 활용한 기계번역 연구의 기초자료로 활용될 수 있기를 바란다.
  - 본 연구에서 실시한 문화다양성 교육에 대한 요구조사가 다문화이해교육 전문강사 양성 프로그램을 개발하는 데 기여할 수 있기를 바란다.

- 기대 효과 었으면 한다
  - 본 연구의 결과가 향후 박물관의 체험형 프로그램의 발전에 도움이 되었으면 한다.
  - 본 연구에서는 고립·은둔 청년을 대상으로 그들의 생애를 돌아보는 내러티브 연구를 진행하였다. 본 연구를 통해 그들에 대한 사회적 관심이 더욱 높아졌으면 한다.

48 연구의 한계점 제시하기

연구에서 해결하지 못한 점이나 부족한 부분을 제시하는 부분이다. 연구의 대상, 방법, 자료가 가지는 한계 등을 바탕으로 뒤에서 추후 연구가 이루어질 수 있도록 연구의 방향을 제시하기도 한다.

- 결론에서 연구의 의의를 제시한 다음에 쓴다.
- 연구에서 수행하지 못한 내용을 쓸 때에는 '–지 못했다'와 같은 표현을 주로 쓴다.
- 연구의 한계나 제한점을 나타낼 때에는 '한계가/제한이 있다', '한계점/제한점이 있다', '한계점/제한점을 가진다', '한계점/제한점을 지닌다' 같은 표현을 주로 쓴다.

- 본고 (에서)는 한계점 지 못했다
  - 본 연구에서는 조사 결과를 토대로 교육 방안을 제시하였으나 교육의 효과를 검증하지 못하였다.
  - 본고는 근로자의 작업환경 만족도에 영향을 미치는 요인들을 밝혔다는 점에서 의의가 있으나 각 요인별 영향의 상대적 크기에 대해서는 살펴보지 못하였다.

  > **Tip!**
  > '–지 못하다'와 '한계가 있다'를 함께 사용하여 '–지 못한 한계가 있다'로 쓸 수도 있다.

- 본고 (에서)는 한계점 다는 한계가 있다
  본고 (에서)는 한계점 다는 점에서 한계가 있다
  - 본고에서는 특정 SNS 플랫폼에 국한함으로써 논의의 범위가 제한적이라는 한계가 있다.
  - 이 연구에서는 여러 변인 중 성별의 차이만을 분석하였다는 점에서 한계가 있다.

> **Tip!**
> 연구의 대상이나 자료를 특정 대상 또는 자료에만 한정하여 살펴보았을 때, '~에 국한하여', '~에 한정하여'와 같은 표현을 사용한다.

- 본고 는 한계점 기에(는) 한계가 있다
  - 본 연구에서 진행한 설문 문항으로는 사용자 변인의 구체적인 양상을 파악하기에 한계가 있다.
  - 본 연구는 일부 지역의 체육특기자로 편의표집하여 대상자를 선정하였기에 전체 체육특기자의 결과로 일반화하기에 한계가 있다.

- 본고 는 한계점 기에(는) 무리가 있다
  - 본고는 조사 대상이 적어 연구의 결과를 일반화하기에 무리가 있다.
  - 이 연구는 시론적 연구로서 표본 수가 충분하지 못하므로 연구 결과를 일반화하기에는 무리가 있다.

- 본고 는 한계점 기 어렵다
  - 본고는 질적 방법으로 소수의 자료를 분석하였기 때문에 연구의 결과를 일반화하기 어렵다.
  - 이 연구의 결과는 특수 직업군을 대상으로 조사한 것이기 때문에 일반적인 직업군에 적용하기 어렵다.

- [한계점]에 대해서(는) 아쉬움이 남는다
  [한계점]는 점은 아쉬움으로 남는다
  [한계점]다는 점은 아쉬움이 남는다
  – 그럼에도 불구하고 구체적인 원인을 규명하지 못한 부분에 대해서는 다소 아쉬움으로 남는다.
  – 여가 활동 변인을 세분화하여 변인별 여가 만족도를 확인하지 못한 점은 아쉬움이 남는다.

  > **Tip!**
  > 1. '아쉬움이 남는다' 대신 '아쉬움이 있다'를 쓰기도 한다.
  > 2. '아쉬움이 남는다' 앞에 '다소'를 함께 쓰기도 한다.

- [본고]의 한계점은 다음과 같다. 첫째 [한계점]..., 둘째 [한계점]..
  [본고]는 다음과 같은 한계가 있다
  [본고]의 한계점을 정리하면 다음과 같다
  [본고]는 다음과 같은 면에서 한계를 가진다
  [본고]는 다음과 같은 점에서 한계를 가진다
  – 본고의 한계점은 다음과 같다. 첫째, 변수 유형에 대한 세분화가 부족했다. 둘째, 횡단면적인 연구 방법을 사용하여 시간의 경과에 따른 동기는 측정하지 못하였다.

  > **Tip!**
  > 1. 둘 이상의 한계점이 있을 때에는 위의 표현을 사용한 후, 한계점을 나열한다.
  > 2. '한계가 있다'는 '한계점을 갖는다', '한계점을 지닌다', '제한이 있다', '제한점이 있다', '제한점을 갖는다', '제한점을 지닌다'로 바꿔 쓸 수 있다.
  > 3. '첫째, 둘째, 셋째' 순서 표현은 '먼저, 다음으로, 마지막으로'로 바꿔 쓸 수 있다.

49 후속 연구 제언 및 기약하기

앞서 제시한 연구의 한계점을 바탕으로 이를 보완하기 위해 필요한 것을 제언하는 부분이다.

- 앞으로 이루어져야 할 연구에 대해 이야기하므로 '추후', '향후', '앞으로', '후속 연구' 등과 같이 이후를 나타내는 표현과 함께 쓴다.
- 후속 연구의 필요성을 제시할 때에는 '필요하다', '필요가 있다' 등의 표현을 쓴다.
- 후속 과제로 이어지기를 당부하기 위해 '-어야 할 것이다'는 표현을 쓰거나, '-기를 바란다', '-었으면 한다'와 같이 기대하는 표현을 주로 쓴다.
- '-도록 하겠다'와 같이 후속 연구에 대한 필자의 의지를 나타내는 표현을 쓰기도 한다.

- 보완할 내용 을 필요가 있다
  - 본 연구에서는 금연 교육 프로그램의 단기적 효과만을 검토하였으므로 후속 연구를 통해 장기적 효과에 대해서도 살펴볼 필요가 있다.
  - 향후 후속 연구를 통해 조직 변수뿐만 아니라 개인 변수의 영향력에 대해서도 검증해 볼 필요가 있다.

- 보완할 내용 는 후속 연구가 필요하다
  보완할 내용 에 대해서는 후속 연구가 필요하다
  - 본고에서는 정량적 분석 방법론에 기반하여 살펴보았다. 향후 발달 과정을 정성적으로 분석할 수 있는 후속 연구가 필요하다.
  - 본 연구에서 제시한 교육 방법이 효과적인지에 대해서는 후속 연구가 필요하다.

> **Tip!**
> 1. '후속 연구' 대신 '추가 연구'를 쓰기도 한다.
> 2. '필요하다' 대신 '요구된다'를 쓰기도 한다.

- 보완할 내용 **어야 할 것이다**
  - 앞으로 이러한 문제점을 개선한 후속 연구가 진행되**어야 할 것이다**.
  - 추후 다양한 집단을 대상으로 신체활동의 효과를 규명하기 위한 실험 연구가 이어**져야 할 것이다**.

- 보완할 내용 **기를 바란다**
  - 이러한 한계점에 대해서는 향후 심도 있는 논의를 거쳐 보완되**기를 바란다**.
  - 이 연구의 결과를 바탕으로 영상통화의 활용 방식에 대해 보다 실증적인 후속 연구가 이어지**기를 바란다**.

- 보완할 내용 **기를 기대한다**
  - 본고에서는 인공지능 리터러시 향상을 위한 인공지능 융합교육 프로그램을 개발하였다. 이에 대한 효과를 검증하는 연구가 후속되**기를 기대한다**.
  - 후속 연구를 통해 다양한 개인적 변인을 고려한 연구가 이루어지**기를 기대한다**.

- 보완할 내용 **도록 하겠다**
  - 부족한 부분에 대해서는 추후 연구를 통해 보완하**도록 하겠다**.
  - 후속 연구를 통해 본 연구에서 개발된 프로그램의 효과를 검증하**도록 하겠다**.

- 보완할 내용 **는 차후의 과제로 남겨 둔다**
  보완할 내용 **는 차후의 과제로 남겨 두고자 한다**
  - Vlog를 여가 사회심리학적인 측면에서 접근할 필요가 있다. 이에 대한 연구**는 차후의 과제로 남겨 둔다**.
  - 앞서 지적한 연구 방법의 한계에 대해서**는 차후의 과제로 남겨 두고자 한다**.

- 이에 대해서는 후고를 기약한다
  이에 대한 논의는 다음을 기약한다
  이에 대한 논의는 다음을 기약하고자 한다
  - 연구 방법론 측면에서 뇌파 측정 방법을 사용한다면 연구 결과의 신뢰성을 높일 수 있을 것이다. 이에 대해서는 후고를 기약한다.
  - 본고에서는 친소 관계 및 지위 등 사회적 맥락에 대한 정밀한 분석은 이루어지지 못하였다. 이에 대한 논의는 다음을 기약하고자 한다.

 Tip!

1. 앞에는 보완할 내용에 대해 설명하는 것이 일반적이다.
2. '논의' 대신 '연구'를 쓰기도 한다.

외국인 유학생을 위한 Essential 시리즈

외국인 유학생을 위한 한국어 논문 표현 500

1판 1쇄 발행 2024년 12월 24일

지 은 이 | 홍혜란·유소영·김정현
펴 낸 이 | 김진수
펴 낸 곳 | 한국문화사
등   록 | 제1994-9호
주   소 | 서울시 성동구 아차산로49, 404호(성수동1가, 서울숲코오롱디지털타워3차)
전   화 | 02-464-7708
팩   스 | 02-499-0846
이 메 일 | hkm7708@daum.net
홈페이지 | http://hph.co.kr

ISBN 979-11-6919-266-8 93710

· 이 책의 내용은 저작권법에 따라 보호받고 있습니다.
· 잘못된 책은 구매처에서 바꾸어 드립니다.
· 책값은 뒤표지에 있습니다.

오류를 발견하셨다면 이메일이나 홈페이지를 통해 제보해주세요.
소중한 의견을 모아 더 좋은 책을 만들겠습니다.